Konstantin Kalveram

Sagenhaftes Frankfurt

Frankfurter Sagen neu erzählt

mit Illustrationen von

GRESER & LENZ

Henrich Editionen

Konstantin Kalveram, Sagenhaftes Frankfurt
mit Illustrationen von GRESER & LENZ

ISBN 978-3-921606-75-9

Herausgeberin: Cristina Henrich-Kalveram

Bildnachweis:
Greser & Lenz: Dr. Sahm
Konstantin Kalveram: Yolanda Fernandez Gamez
Karte: Wikipedia Commons: Plan der Altstadt aus der Zeit um 1350; Urheber. Baldemar von Petterweil und Christian Friedrich Ulrich

Quellen:
Frankfurter Sagenbuch, Sagen und sagenhafte Geschichten aus Frankfurt am Main von Karl Enslin, 1856
Frankfurter Sagen- und Geschichtenbuch von Carl Bertling, 1907

Layout und Satz: Saskia Burghardt,
Henrich Druck + Medien GmbH

Gesamtherstellung: Henrich Druck + Medien GmbH,
Frankfurt am Main

www.henrich-editionen.de

für Katharina,
Johanna und Nora

Inhalt

Vorwort

Frankfurt ist eine Stadt im ständigen Wandel. Kennt man heute die Stadt der Banken als moderne Finanzmetropole, so möchte dieses Buch in einer ausgewählten Sammlung bekannter und weniger bekannter Sagen einen Bezug herstellen zu der kulturellen Identität dieser Stadt.

Das Wort Sage stammt vom Althochdeutschen und bedeutet „Gesagtes". Sagen sind zunächst auf mündlichen Überlieferungen basierende, kurze Erzählungen unwahrer, fantastischer Ereignisse, die aber als Wahrheitsbericht gemeint sind oder auf einem historischen Hintergrund beruhen. Damit steht der Realitätsanspruch der Sage über dem des Märchens. Die Verfasser von Sagen bleiben aber unbekannt.

Das vorliegende Buch basiert auf dem Frankfurter Sagenbuch von Carl Enslin aus dem Jahre 1856. Sowohl Carl Enslin als auch unser Autor Konstantin Kalveram hatten den Anspruch, die gefundenen Sagen unterhaltsam zu präsentieren. So ist es nicht unüblich, dass Sagen im Laufe der Zeit ausgeschmückt und ständig umgestaltet wurden. Wichtig ist, dass der Kern der Sage nicht verändert wird, auch wenn die eine oder andere Begebenheit in der heutigen Zeit merkwürdig erscheint.

Alte Volkssagen haben eine Anziehungskraft, die Zeiten, Kulturen, Lebensstile, Medientrends und Konsumgewohnheiten überdauern und Kinder und Erwachsene gleichermaßen in ihren Bann ziehen. In diesem Band begegnet dem Leser ein „sagenhaftes Frankfurt" in einer bisher ungewohnten Präsentation: Spukorte, Feen, dämonische Wesen und sagenhaft verklärte geschichtliche Begebenheiten Frankfurts werden neu erzählt und mit Illustrationen der bekannten Karikaturisten Greser & Lenz bebildert. Auf wunderbare Weise schaffen es die Künstler, mit ihren Illustrationen eine Brücke zwischen der Historie und der Moderne zu schlagen.

Frankfurt am Main, Frühling 2011

Die Herausgeberin

Die Frankenfurt

Wie eine wilde Schlacht zwischen den Franken und Sachsen zur Gründung der Stadt Frankfurt führte.

Karl der Große war ein mächtiger Kaiser, einer der größten Herrscher der westlichen Welt. Unter seiner Regentschaft wurde das Reich der Franken größer und größer. Karl führte viele Kriege, er unterwarf andere Völker und zwang sie ins fränkische Reich. Die anderen Völker, etwa die Mauren, die Langobarden und die Sachsen, mussten ihre Religionen aufgeben und den christlichen Glauben annehmen – das taten sie natürlich nicht gern und nicht freiwillig. Die Sachsen stellten sich dem Frankenherrscher mit besonderem Widerstand entgegen. Dreißig Jahre kämpfte Karl der Große gegen sie, schließlich gelang es ihm, sie zu bezwingen. Aber in einer der vielen Schlachten, die Kaiser Karl gegen die Sachsen schlug, stand es gar nicht gut um das fränkische Heer:

Die Sachsen waren wütende und starke Gegner und wehrten sich mit allem, was sie hatten. Der Kampf wogte hin und her, fränkische und sächsische Krieger bildeten ein wildes Schlachtengetümmel. Doch so sehr die Franken auch kämpften und auf ihre Gegner einhieben: diese Schlacht konnten sie nicht für sich entscheiden. Die Sachsen kämpften wie besessen, und so gelang es ihnen, wenigstens in dieser Schlacht, die Oberhand zu behalten. Nicht wenige von Karls Kämpfern verloren auf dem Schlachtfeld ihr Leben, viele wurden schwer verwundet. Und weil die Sachsen immer stärker wurden, befahl Karl in einer Gefechtspause den

Rückzug seiner Kämpfer. Besser diese Schlacht verloren geben, als das ganze Heer einbüßen.

Die Sonne war bereits untergegangen und das Mondlicht fand seinen Weg nur mühsam durch die neblige Nacht. So nutzten die Franken den Schutz der Dunkelheit und flüchteten vom Schlachtfeld. Als die Sachsen das bemerkten, jagten sie ihnen hinterher. So einfach wollten sie den Feind nicht entkommen lassen. Sie hofften, den mächtigen Gegner heute noch viel empfindlicher zu schlagen und nahmen die Verfolgung auf.

Die fränkischen Kämpfer bemerkten natürlich, dass die Sachsen ihnen auf den Fersen waren und hatten ihre liebe Not, den Vorsprung zu halten. Sie suchten im dichten Nebel ihren Weg und schonten weder sich noch ihre Pferde. Im Galopp ging es durch unbekanntes Gelände. Doch mit einem Mal hielten die vorderen Reiter ihre Pferde an. Das geschah so unvermittelt, dass die hinteren Reiter sie beinahe überrannt hätten.

Vor den Hufen der Pferde rauschte ein Fluss. Sie konnten ihn wegen des Nebels nicht sehen, hörten aber, dass es sich um einen breiten, wilden Fluss handeln müsse. Sie wussten nicht, wie sie hinüber auf die andere Seite kommen sollten. Mit all den Waffen, dem Gepäck und der schweren Kriegerkluft konnten sie unmöglich schwimmen. Zu gefährlich ist das unbekannte Wasser, dessen Strömungen und Untiefen man nicht kennt. Die Franken konnten also nicht weiter und sie hörten ihre Verfolger näher kommen. Nicht mehr lange, und die Sachsen würden sie eingeholt haben.

„Herr, wir wollen nicht weiter fliehen. Lasst uns die Sachsen hier erwarten und die Schlacht zu Ende bringen“, sprach einer der Kämpfer zu seinem Kaiser. Und ein anderer sagte: „Wenn wir

davonlaufen, machen wir uns als Feiglinge zum Gespött der Völker. Wenn wir aber kämpfen, wird man uns als Helden verehren."
Der Kaiser entgegnete den beiden: „Mir ist lieber, dass sie über unsere Flucht lachen, als dass sie sich erzählen, dass wir an dieser Stelle im Kampf mit den Sachsen den Tod gefunden haben."

Da schwiegen seine Kämpfer. Furcht und Wut zeichneten die Gesichter. Karl war in großer Not, denn er wusste, dass die Sachsen in wenigen Augenblicken bei ihnen sein würden. Er stieg von seinem Pferd und kniete am Flussufer nieder. Mit lauter Stimme betete Kaiser Karl zu Gott und legte ein Gelübde ab: „Gott Vater im Himmel, rette uns, die wir für dich kämpfen und dir treu ergeben sind, aus dieser Not." Wenn Gott ihm einen Weg weisen würde, ihn und seine Männer sicher ans andere Ufer zu geleiten, würde er dort eine prächtige Stadt zu Ehren Gottes bauen, die blühen und wachsen und ewig ein Zeichen der Dankbarkeit sein solle.

Als Karl dieses Gebet zum Himmel geschickt hatte, verwehte vor den Augen der Franken der Nebel über dem Wasser. Das Mondlicht brach durch und sie sahen den gewaltigen, breiten Fluss. Wie sollten sie durch die starke Strömung nach drüben kommen?

Doch dann sahen sie, wie eine weiße Hirschkuh nur wenige Meter neben ihnen mit ihrem Kälbchen in den Main stieg. Die Tiere hatten wohl eine Furt durch den Fluss entdeckt, sodass sie das flache Wasser gefahrlos durchschreiten konnten. So wiesen die Hirschkuh und ihr Kälbchen den Männern den Weg. Karl dankte seinem Schöpfer für dieses Zeichen. Geschwind folgten die Franken der Hirschkuh durch die Furt über den Fluss. Als sie sicher am anderen Ufer angekommen waren, war der Nebel wieder so dicht und undurchdringlich wie vorher.

Die Sachsen, die just an der Stelle ankamen, wo vor wenigen Augenblicken noch Karl und seine Männer standen, konnten zwar deren Stimmen hören, aber sie wussten nicht, wie sie ihnen folgen sollten. Wie vom Erdboden schienen die Franken verschluckt. In dem dichten Nebel konnten ihre Verfolger die Furt durch den Fluss nicht mehr finden. Die sächsischen Kämpfer schimpften über die „feigen Franken" und schickten die übelsten Verwünschungen über den Fluss. Aber weiter konnten sie nichts ausrichten.

Auf der anderen Seite stand Kaiser Karl im Kreise seiner Mannen, und er war erfüllt von einer tiefen Dankbarkeit. „Gepriesen sei die Barmherzigkeit Gottes", sprach er. „Diese Stelle soll von nun an in Erinnerung daran, was heute hier geschehen ist, den Namen Frankenfurt tragen. Dort drüben aber, dort sollen die Sachsen hausen." Und so ist der Sage nach Frankfurt gegründet worden. Und dort, wo die Verfolger der Franken unverrichteter Dinge zurückbleiben mussten, wurde Sachsenhausen aufgebaut.

Das Rundhütchen aus Niederrad

Von einen kleinen Mann, der Wunder bewirken konnte und den Niederrädern half, die schweren Zeiten zu überwinden.

Vor langer, langer Zeit war Niederrad ein kleines, armes Dorf in den Wäldern südlich von Frankfurt. Auch wenn die guten Leute dort nie viel Geld hatten, darf man nicht glauben, dass sie faul und arbeitsscheu gewesen wären, ganz im Gegenteil. Es lebten fleißige Menschen in dem Dorf. Schwer arbeitende Waldarbeiter, die den ganzen Tag Holz schlugen, fleißige Handwerker, Schmiede, die ihre Esse nur selten kalt werden ließen und Fassmacher, die ihr Handwerk verstanden.

Hätten sie alle für ihre Arbeit ordentliches Geld bekommen, sie wären wohlhabende Leute gewesen. Aber die Arbeit brachte kaum etwas ein, da es nur unsichere, gefährliche Wege nach Frankfurt gab, auf denen Räuber und wilde Tiere den Reisenden auflauerten. So herrschten in dem kleinen Dorf oft Hunger und Not. Wer ein paar Hühner, ein Schwein oder gar eine Kuh halten konnte, galt als reich und hütete es wie einen Schatz. Um jede der kleinen Hütten war ein Gemüsegärtchen angelegt, in dem das Notwendige angebaut wurde.

Auch wenn die Niederräder arm waren, waren sie fröhliche Leute, die das Beste aus ihrem Leben machten. Sie hielten zueinander und halfen sich gegenseitig, wo es nötig war. Vielleicht lag die Ursache für diese gute Gesinnung darin, dass es in Niederrad einen guten Geist gab, so etwas wie einen Schutzengel, der sich um die Menschen kümmerte und zur Stelle war, wenn er gebraucht wurde. Dieser gute Geist war ein kleines Männchen, das oft Besuch machte in dem Dorf. Es kam nicht nur um zu helfen, wenn Not am Mann war. Das Männchen kam auch immer wieder um kleine Geschenke für die Kinder zu bringen, süße Beeren und Äpfel, Haselnüsse oder Maronen. Oder es brachte Wiesenblumensträuße mit und zauberte damit Freude in die kargen Hütten.

Weil das Männchen einen großen runden Hut auf dem Kopf trug, den es niemals abnahm, wurde es von allen Rundhütchen genannt. Niemand konnte sagen, woher das Rundhütchen kam und wohin es ging. Es erschien genauso plötzlich, wie es wieder verschwand. Aber immer, wenn es da war, waren Frieden und Segen seine Begleiter. Deswegen sprach auch jedermann mit besonderer Liebe und Wärme von dem kleinen Kerl. Eigentlich konnte sich niemand daran erinnern, wann das Rundhütchen zum ersten Mal in das Dorf gekommen war. Die Leute sagten, das Rundhütchen sei schon immer da gewesen. Und es alterte auch nicht. Mit dem grauen Bart und seinem freundlichen Gesicht, das von Lachfalten gezeichnet war, sah es aus wie ein Mann von ungefähr fünfzig Jahren. Daran änderte sich über all die Jahre nichts. Die Kinder, die das Rundhütchen immer besonders gern besuchte, wurden geboren, wuchsen heran, heirateten, wurden Mütter und Väter, Großmütter und Großväter und schließlich starben sie und wurden von ihren Kindern und Enkeln zu Grabe getragen. Die Generationen kamen und gingen, das Rundhütchen blieb und half, wo es konnte. So hatte etwa eine Familie gerade erst ein Haus im Dorf bezogen und sich dort eingerichtet, als die junge Frau, die mit ihrem ersten Kind im Wochenbett lag, hohes Fieber bekam und immer schwächer wurde. Ihr Mann fürchtete, sie würde sterben und bat bei den Frauen des Dorfes um Rat und Hilfe. Es gab keine, die nicht helfen wollte,

doch es trat keine Besserung ein. Das Fieber blieb hoch und die junge Mutter wurde immer schwächer, sodass schließlich niemand im Dorf noch an ihre Genesung glaubte. Die Leute rechneten damit, dass die Frau sterben würde und überlegten schon, wie sie dem Vater mit dem Neugeborenen dann helfen könnten. Aber dann kam das Rundhütchen. Es setzte sich neben das Krankenbett und betrachtete die erschöpfte Frau ganz aufmerksam. Es drückte ihre Hand und sprach zum Ehemann: „Hab keine Sorge, es wird alles wieder gut. Dein Kind wird nicht ohne Mutter aufwachsen."

Dann verschwand es, ohne dass der Mann sagen konnte, wohin es gegangen war. Kaum eine Stunde war vergangen, als das Rundhütchen mit einem Strauß verschiedener Kräutlein und einer erdigen Wurzel zurückkam. Es ließ sich heißes Wasser geben und tauchte die Kräuter hinein. Dann schnitt es mit einem Messer einige feine Späne von der Wurzel und rührte alles mit einem Löffel um. Dieser Trank wurde abgeseiht und dann der jungen Mutter gegeben. Dem Mann sagte das Rundhütchen, er solle darauf achten, dass seine Frau den ganzen Becher austrinke, dann würde alles gut. Und wieder verschwand es. Nachdem die Frau den Becher geleert hatte, schlief sie ein. Und als sie einen Tag und eine Nacht tief und fest geschlafen hatte, stand sie auf und war wieder gesund. Das Rundhütchen hatte ihr das Leben gerettet. Ein anderes Mal musste es helfen, weil einem alten Bauern die einzige Kuh aus dem Stall verschwunden war. Der Bauer beklagte noch den Verlust seiner Ernährerin, da hatte Rundhütchen das Tier bereits wieder in den Stall geführt und war unbemerkt verschwunden. Denn um Dank und Lohn ging es dem Rundhütchen nicht.

Wann immer sich ein Kind im Wald verlaufen hatte und nicht zurückfand, wann immer Krankheit und Verletzung das Leben eines Menschen bedrohten oder der Hunger in einem der Häuser zu groß wurde, kam das Rundhütchen und half. Rundhütchen war der Schutzgeist der Niederräder. Weil aber im Laufe der Zeit der Wald zwischen Niederrad und Frankfurt immer lichter und durchlässiger wurde und immer mehr Wege und Schneisen entstanden, die Dorf und Stadt nun verbanden, veränderte sich das Leben im Dorf immer mehr.

Aus der Stadt kamen Menschen, um Handel mit den Niederrädern zu treiben. Sie entdeckten, dass diese Leute handwerklich geschickt waren und ihre Waren billiger anboten als die Handwerker in Frankfurt. So erlebte Niederrad einen Aufschwung, der auch denen zugute kam, die schon zu alt zum Arbeiten waren oder deren Handelsgüter für die Frankfurter uninteressant waren, denn die Frankfurter sahen, wo Not im Dorf herrschte und halfen, sie zu lindern. Sie sorgten mit allerlei gespendeten Sachen und auch mit so manchem Geldstück dafür, dass es den Armen besser ging. So wuchs in Niederrad allmählich der Wohlstand und das Leben veränderte sich. Und das Rundhütchen fand sich nicht mehr zurecht. Denn so kannte es die Welt nicht. Dass die Niederräder sich halfen, das wusste es. Aber dass auch die reichen Leute aus der Stadt hilfsbereit und freigiebig waren und den Armen beistanden, das verwirrte es doch sehr. Es merkte, dass es nicht mehr gebraucht wurde und ließ sich immer seltener blicken. Eines Tages kam ein Gesandter der Stadt Frankfurt in einer offenen Kutsche durch den Wald nach Niederrad. Er brachte milde Gaben der Frankfurter für die Armen. Diesem Mann gegenüber empfand das Rundhütchen einen solchen Respekt, dass es seinen runden Hut vom Kopf zog und sich tief vor ihm verbeugte. Doch damit, dass es sich den Hut vom Kopf zog, war auch Rundhütchens Zauberkraft verschwunden. Der Mann in der Kutsche sah nur noch, wie ein kleiner Kerl, er hielt ihn für einen jungen Burschen, im Unterholz verschwand und dabei wie zum Abschied seinen Hut schwenkte. Seitdem wurde das Rundhütchen nie wieder gesehen.

Der Brickegickel

Warum ein goldener Hahn das Wahrzeichen der Alten Brücke in Frankfurt am Main ist und was der Teufel damit zu tun hat.

Damit die Frankfurter und Sachsenhäuser trockenen Fußes vom einen Mainufer zum anderen gelangen konnten, wurde vor langer, langer Zeit eine Brücke zwischen der Stadt und der Vorstadt gebaut. Diese Brücke, die Alte Brücke, gibt es auch heute noch. Sie ist immer noch eine der wichtigsten Verbindungen von der einen Seite der Stadt auf die andere. Wer auf der Frankfurter Seite der Brücke ein großes Kruzifix auf einem sandsteinernen Sockel erblickt, kann darauf den stolzen, goldenen Hahn sehen, der an die Umstände ihrer Errichtung erinnert, von der hier erzählt werden soll.

Ein Baumeister aus Sachsenhausen, ein fähiger und ideenreicher Mann, sollte die Brücke über den Main bauen. Der Baumeister freute sich über den bedeutenden Auftrag, der ihm sicher nicht nur gutes Geld, sondern auch einigen Ruhm einbringen würde. So willigte er ein und sagte dem Rat der Stadt zu, die Brücke bis zu einem bestimmten Tag fertigzustellen. Die Zeit schien ihm zwar etwas knapp bemessen, aber der Brückenbauer war ein wagemutiger und ehrgeiziger junger Mann.

Er begann mit den notwendigen Vorbereitungen und heuerte einen Trupp tüchtiger Arbeiter an. Die Arbeiten begannen gut und schritten rasch voran, schon bald spannten sich die Brückenbögen von beiden Seiten bis zur Flussmitte hin, wo sich aus dem Wasser bereits ein Teil des mächtigen mittleren Brückenpfeilers erhob. Der Baumeister war zufrieden mit seinen Arbeitern und ließ ihnen deswegen auch eine kräftige Verpflegung auftischen. Die Maurer, die Zimmerer, die Schmiede und alle anderen, die am Bau der Brücke mitarbeiteten, versammelten sich jeden Tag zur Mittagszeit an einem langen Tisch, den der gute Baumeister am Mainufer hatte aufstellen lassen, und verzehrten, was Kessel und Pfanne hergaben. Mal tischte er ihnen gesottene Würste auf, mal gab es gebratene Hühner, an einem anderen Tag stellte er ihnen große Schüsseln mit Eintopf und riesige Brotlaibe auf den Tisch. Die Arbeiter dankten es dem Brückenbaumeister und zahlten es ihm mit Zuverlässigkeit und Fleiß zurück. So ging der Aufbau zügig voran. Wenn die Arbeiten weiterhin so voranschreiten würden, dann könnten sie noch vor Einbruch des Winters abgeschlossen sein. Aber da hatte er in seine Planung die Kapriolen des Wetters nicht einkalkuliert.

Kaum war der Sommer vergangen, verschlechterte sich die Witterung. Heftige Stürme kamen auf und erschwerten die Arbeiten, Regen durchnässte die Arbeiter, die bald keinen trockenen Faden mehr am Leibe trugen. Kalte Winde sorgten schließlich dafür, dass die Männer trotz der schweren Arbeit froren. Dann machte auch noch ein Hochwasser die Arbeiten an den Pfeilern unmöglich. Sollte etwa der Himmel etwas gegen die Verbindung von Frankfurt und Sachsenhausen haben? Der Baumeister trat vor die Räte, um eine Verlängerung der Bauzeit auszuhandeln. Als die hohen Herren dies aber ablehnten, zog er enttäuscht und mutlos ab.

Weil auch die Witterung immer schlechter wurde und der Bau nicht voranging, verlor er sein fröhliches Wesen. Er schimpfte auf seine Arbeiter, weil sie langsamer arbeiteten und häufiger Pausen einlegten, um sich aufzuwärmen. Er flehte zu Gott, er möge ihm beistehen und helfen, die Brücke fertig zu bauen. Er betete zu allen Heiligen und Märtyrern im Himmel und schickte Stoßgebete zum Heiligen Petrus, weil der nämlich der Schutzpatron der Maurer, Schmiede, Schlosser und Steinhauer ist. „Himmel, hilf!" flehte der Brückenbauer. Doch der Himmel half nicht. In seiner Verzweiflung schrie er in den Wind: „Wenn Gott und die Heiligen mir nicht helfen wollen, so soll es der Teufel tun!"

Kaum hatte er das in die Nacht geschrien, geschah etwas Seltsames. Der eisige Wind legte sich, der Regen hörte auf und der Fluss glättete seine Wogen. Der Brückenbauer stand auf der Brücke und wunderte sich. Dann sah er, wie sich auf dem Fluss ein Ruderboot näherte. Darin saß ein Mann mit einem breitkrempigen Hut, an dem eine lange Fasanenfeder wippte. Als das Boot nah am Ufer war, rief der Mann ihn: „He da, guter Mann! Helft mir an Land. Wartet, ich werfe euch das Seil zu, damit ihr mein Boot am Ufer festmachen könnt." Und er warf dem Baumeister ein Ende des Seils zu, das dieser an einem Ring in der Kaimauer festmachte. Als der Mann, der übrigens eine elegante Erscheinung war, neben dem Brückenbauer stand, zog er den Umhang gerade, der um seine Schultern lag, und sprach: „Hier an Land ist mir bedeutend wohler. Das nasse Element ist einfach nichts für mich. Gestattet, dass ich mich vorstelle, ich bin der Teufel. Zu Diensten." Das hatte dem Baumeister gerade noch gefehlt. „Der Teufel, wie?" schnaubte der Brückenbauer den anderen an. „Wenn ihr euch einen Spaß mit mir erlauben wollt, so macht euch auf eine schmerzhafte Lektion gefasst", sprach er, packte den eigentümlichen Kerl am Umhang und schubste ihn von sich. „Guter Mann", entgegnete der Teufel, „ihr müsst euch jetzt entscheiden, ob ihr mich um Hilfe fragt oder nicht. Aber erst rufen und dann wieder wegschicken: Das mag ich nicht". Und mit einer ausladenden Geste nahm er den Hut vom Kopf, und der Baumeister erschrak sehr. Denn auf der Stirn seines Gegenübers wuchsen zwei kleine, aber unübersehbare Hörner.

Der Teufel lächelte. „Wir wollen einen Handel miteinander abschließen. Ich werde dir helfen, die Brücke fertig zu bauen, und ich werde nur diese eine Nacht dafür brauchen. Und mein Lohn wird die Seele des ersten lebenden Wesens sein, das über diese Brücke läuft.“ Wer dieses erste Wesen sein sollte, konnte der Baumeister sich freilich denken. Denn es war Sitte und Brauch, dass der Erbauer einer Brücke als erster darüber schritt und sie somit der Stadt übergab. „Der Handel gilt“, sagte der Brückenbauer schnell in seiner Verzweiflung. Und dachte: „Irgendeinen Ausweg werde ich schon finden.“ Der Teufel grinste vergnügt und verabschiedete sich mit der Aufforderung, der Brückenbauer solle am nächsten Morgen, wenn die Sonne aufgeht – nicht früher! – an der Sachsenhäuser Seite stehen, die Brücke würde dann fertig sein.

Viel zu aufgeregt um Schlaf zu finden, legte sich der Baumeister in sein Bett. Er wälzte sich lange von der einen auf die andere Seite und dachte fieberhaft nach, wie er seine Seele vor dem Höllenfeuer retten könne. Was hatte er bloß getan? „Ich habe mein Leben verwirkt! Meine Seele an den Teufel verschachert – und nur dafür, dass ich meine Abmachung mit dem Rat der Stadt einhalten kann! Was mache ich nur?“ Er hatte eine hundserbärmliche Angst. Um alles in der Welt wollte er nicht für die Ewigkeit als Luzifers Gast in der Hölle schmoren.

Als die Vögel zu zwitschern begannen, wälzte sich der Baumeister immer noch schlaflos hin und her. Und dann krähte der Hahn vor dem Haus. Mit einem lauten Hahnenschrei kündete er den nahenden Sonnenaufgang an. Da – endlich! – hatte der Baumeister eine Idee. Schnell zog er seine Decke vom Bett, lief vor das Haus und warf sie über den Gockel. Dann packte er das verdatterte Tier und rannte mit ihm zur Brücke. Und die war – der Brückenbauer traute seinen Augen nicht – tatsächlich fertig. Der Teufel hatte es

geschafft: Vor dem Baumeister erstreckte sich die fertig gebaute Brücke. Die Sonnenstrahlen waren noch schwach, aber der Baumeister konnte auf der Frankfurter Seite den Teufel auf und ab spazieren sehen. Mehr Tier als Mensch, nackt, mit Fell bedeckt wie ein Wolf, stand er da, sperrte das Maul auf und ließ ein Lachen hören, das noch die Engel im Himmel erschauern ließ. „Guten Morgen, Freund", rief der Teufel lachend herüber. „Als Erbauer dieser Brücke hast du die große Ehre, sie als erster zu beschreiten. Komm zu mir und bring mir meinen Lohn!"

Der Teufel rechnete fest damit, dass nun der Brückenbauer sich in sein Schicksal fügen und sich ihm, wie versprochen, ausliefern würde. Doch wie sehr irrte er sich da! Der Baumeister schüttelte den Hahn aus der Decke und scheuchte ihn vor sich her. Bald lief der Hahn ihm davon – direkt über die Brücke in Richtung Frankfurt – dorthin, wo der Teufel stand. Und der bemerkte wohl, dass er betrogen worden war und schrie und schimpfte auf den Brückenbauer, dem er soviel Schläue gar nicht zugetraut hatte. Denn dieser hatte den Hahn geopfert, um seine eigene Seele zu retten. Vor Wut stürzte der Teufel sich auf den Hahn, der nicht ahnte, dass sein letztes Stündlein geschlagen hatte. Er hieb ihm seine Klauen ins Fleisch und biss ihm mit den Reißzähnen den Kopf ab. Der Brückenbauer aber hatte sich klammheimlich aus dem Staube gemacht und hörte nur noch das Wutgeschrei des Teufels. Als dann die Frankfurter und Sachsenhäuser ihre neue Brücke bestaunten und dem Baumeister gratulierten, hatte er seinen Schrecken überwunden und feierte mit allen die Fertigstellung der Brücke.

Der wunderliche Erbsenhandel

Wie ein Wirt von einem Ritter schwindelig gerechnet wird und am Ende seine eigene Neugierde bereut.

In einer Wirtsstube saßen vor langer Zeit dicht gedrängt einige Frankfurter an langen Tischen. Sie tranken und aßen, schnitten auf, erzählten Geschichten, stritten, lachten und spielten Karten. Manche langweilten sich auch und guckten Löcher in die Luft. Der Landsknecht saß neben dem Jäger, der neben dem Bäcker, ein Mönch saß still und zufrieden vor einem Krug mit Bier, dann saßen da noch ein Metzger, ein Bäcker, ein Seiler und andere mehr. Auch Faulenzer und Tagediebe, die ihren letzten Pfennig versoffen, fehlten nicht. Kurz: Das Volk saß buntgemischt an den Tischen der Schankstube des Wirtes, der eifrig mal hinter dem Tresen waltete, mal im Keller Krüge mit Wein und Bier füllte und mal in der Küche aus dem heißen Kessel Würste, Bratenfleisch und Kraut holte.

Es war ein Samstag, der Markt war bereits vorüber. Es dämmerte und Regen fiel vom Himmel und lief an den Fensterscheiben herab. Es war genau der richtige Tag, um in der Wirtsstube sitzen zu bleiben. Warum auch nicht, die Arbeit der Woche war getan und niemand wollte nach Hause. So saßen sie denn im Wirtshaus und ließen die Zeit auf die angenehmste Weise verstreichen, durch süßes Nichtstun. Sie fanden es warm und gemütlich, es wurden Pfeifchen geraucht, es duftete nach Sauerkraut und deftigen Würsten.

Dann hörten sie, wie draußen ein Pferd über das Pflaster trottete. Einer, der am Fenster saß, wandte den Kopf um zu sehen, wer denn da auf dem Pferd sitze. Und weil es ein unbekannter Ritter war, und weil man trotz des Staubes und des Schmutzes, der seinem ledernen Reisegewand anhaftete, sehen konnte, dass es ein prachtvolles Gewand war, wandten sich immer mehr Köpfe zum Fenster. Wer war denn der? Hatte den schon mal einer gesehen? Wo der wohl herkam? Die Neugier der Gäste und des Wirtes wurde noch größer, als sie sehen konnten, dass der Ritter vor der Schänke abstieg und sein Pferd anband. Kurz darauf wurde die Tür zur Schänke aufgestoßen und der Ritter betrat die Gaststube.

Mit unverhohlener Neugier blickten sie den Unbekannten an. Der schloss die Tür, zog die Gerüche des Wirtshauses in die Nase und seufzte wohlig. Hier bin ich richtig, dachte er sich. Er setzte sich, bestellte Wein und Braten, der ihm auch sogleich gebracht wurde. Dann ließ er es sich schmecken. Dass der Wirt unaufhörlich um ihn herumstrich, die Gäste ihre Gespräche beendet hatten und den neuen Gast nun einer genauen Betrachtung unterzogen, schien ihn nicht zu stören. So ein echter Ritter, das war für die Anwesenden natürlich ein seltener Anblick, man war sonst doch meist unter sich. Wann hatte man schon die Gelegenheit, einmal einem Ritter im Wirtshaus zu begegnen und von ihm womöglich etwas aus der weiten Welt zu erfahren? So einer kam doch herum und erlebte Abenteuer! So einer hatte doch etwas zu erzählen!

Die Gelegenheit sollte also genutzt werden. Nur wie? Einfach ansprechen, durfte man das? Und wie? Herr Ritter? Eure Ritterlichkeit? Herr Reitersmann? Niemand wusste Rat, niemand wollte sich trauen und der erste sein, der ihn ansprach und sich womöglich in die Nesseln setzte. Schließlich fasste der Wirt sich ein Herz. Er tat ganz geübt in der Konversation mit Rittern und sprach: „Was habt ihr da für ein stolzes, schönes Pferd, Herr Ritter? Das hat euch gewiss schon durch aller Herren Länder getragen“, und er fügte

auch die nächste Frage gleich an: „Ihr habt sicher schon viele Abenteuer erlebt?" Dann setzte er sich kurzerhand an des Ritters Tisch, in der Erwartung einiger spannender Berichte von Schlachten, Romanzen und Reisen in die entlegensten Winkel der Welt. Aber der Ritter hatte wenig Verlangen, den Wirt zu unterhalten und widmete sich weiterhin dem Bratenstück, das auf seinem Teller lag. „Ganz vorzüglich", schmatzte er, „euer Fleisch ist ganz vorzüglich, so zart und gut gewürzt." Dann schwieg er und kaute genüsslich.

Dem Wirt schien nichts Schlaueres einzufallen, als wieder lobend über das Pferd zu sprechen, um den Ritter zum Erzählen zu bringen. „Auf solch einem starken Rücken muss das Reiten ja das reinste Vergnügen sein. Dieses Ross bringt einen sicher durch jedes Abenteuer, das sieht man gleich." Der Ritter, der eben sein Mahl beendet hatte, schob seinen Teller zufrieden von sich und lehnte sich an die Wand. „Guter Mann", sprach er, „ihr habt vollkommen recht. Ich habe nie ein besseres Pferd besessen als dieses. Es war mir ein treuer Begleiter auf vielen Reisen. Auf seinem Rücken bin ich so manches Mal vor dem Feinde geflohen, so schnell wie der Wind. Dass ich es nun hier in Frankfurt lassen muss, tut mir aus diesem Grunde auch so besonders leid. Aber es geht nicht anders, es muss sein." „Ja, aber warum denn das, edler Ritter?", wollten der Wirt und seine Gäste von ihm wissen. „Wisst ihr, ihr guten Leut' aus Frankfurt, das Leben eines Ritters ist nicht nur schön. Es ist oft sehr anstrengend, gefährlich ist es obendrein. Außerdem bin ich so oft auf Reisen, dass ich manchmal gar nicht mehr weiß, wo ich eigentlich gerade bin. Deswegen werde ich mein Ritterdasein aufgeben. Ich habe mir ein Schiff gekauft und werde damit auf dem Main einen Handel beginnen. Dabei kann ich mein treues Pferd nicht mehr gebrauchen. Ihr, Herr Wirt, scheint mir wahrlich ein Pferdefreund zu sein. Wollt ihr mein Pferd nicht kaufen? Ich bin sicher, bei euch würde es ihm wohl ergehen. Was sagt ihr? Wollt ihr es nehmen?"

Der Wirt hatte eigentlich kein Interesse an dem Pferd, er hatte ja nur nach einem Weg gesucht, den Ritter zum Erzählen zu bewegen. Nur deswegen hatte er das Pferd so gelobt. Gewiss, es war ein sehr schönes Tier, stattlich, groß, muskulös, aber er hatte an Pferden keinen Mangel. „Herr", sprach er zögerlich, „ich habe bereits vier Pferde im Stall stehen, eigentlich bedarf ich keines fünften, ihr wisst, die Kosten ..." Aber dann besann er sich und sagte: „Ach was, wo für vier Pferde Platz ist, ist auch Platz für ein fünftes. Wenn ihr es mir preiswert überlassen wollt, so werde ich es nehmen." Das freute den Ritter. Er klopfte dem Wirt auf die Schulter. „Ihr sollt es wohlfeil haben, guter Mann", sagte er, „ich will gar kein Geld dafür." Das verdutzte den Wirt und auch die Gäste in der Schänke murmelten und brummten und schüttelten erstaunt die Köpfe. „Kein Geld", fragte er, „aber was soll denn dann der Preis dafür sein?" „Erbsen", sagte der Ritter. „Erbsen?", fragte der Wirt. Hatte er richtig gehört? Jawohl, das hatte er. „Erbsen, ja. Getrocknete Erbsen", antwortete der Ritter, „denn wisst ihr was? Ich werde einen Erbsenhandel auf meinem Schiff betreiben. Als Gastwirt habt ihr sicher einen recht guten und reichlichen Erbsenvorrat, nicht wahr?" „Guter Mann, ich sage euch, wie wir das machen. Schaut euch dieses Prachtpferd da draußen an. Es hat – wie jedes andere Pferd auch – vier Beine. Und an den Beinen je einen Huf. Und an jedem der Hufe befindet sich ein Hufeisen, wie ihr erkennen könnt. Und jedes dieser Hufeisen ist mit acht Nägeln am Huf befestigt. Als Gastwirt, da bin ich sicher, seid ihr ein geübter Rechner und so werdet ihr mir bestätigen, dass vier Mal acht zweiunddreißig ist. An dem Pferd sind also zweiunddreißig Nägel. Stimmt ihr mir zu?" „Ja, zweiunddreißig", sagte der Wirt. „Aber was soll die Rechnerei mit Hufen und Nägeln?", wollte er wissen. „Habt Geduld, nur ein wenig", gab ihm der Ritter zur Antwort. „Ich biete euch dies an: Gebt mir für jeden Hufnagel Erbsen, so geb ich euch das Pferd obendrein. Gratis! Gebt mir für den ersten Nagel eine Erbse, für den zweiten Nagel zwei Erbsen, für den dritten vier, den vierten acht, den fünften sechzehn, den sechsten zweiunddreißig Erbsen. Und so weiter, für jeden weiteren Nagel des Doppelte an Erbsen, bis wir beim letzten, dem zweiunddreißigsten Nagel, angelangt sind. Wenn ihr mit dem Preis einverstanden seid, so schlagt ein und unser Handel gilt. Mir schmerzt zwar das Herz, dass ich mich von diesem stolzen Ross trennen muss, aber ich weiß es bei euch in den Händen eines Pferdefreundes."

Noch bevor der Wirt etwas erwidern konnte, erklang die Stimme von einem der Gäste der Wirtschaft, es war der Schmied, der das Tier unterdessen mit Kennerblick begutachtet hatte. Er sprach: „So eine verrückte Sache. Die paar Erbsen für so ein Pferd, kerngesund und jung, stark wie zehn und von einem Wuchs, den man nur selten sieht. Wirt, wenn du es nicht nimmst, so nehme ich es. In meinem Stall wird es gerade so gut stehen wie in deinem." Auch die anderen Männer, der Metzger, der Bäcker, der Seiler und die anderen erhoben nun die Stimmen. Alle wollten mit einem Mal das Pferd. Sogar die Faulenzer und Tagediebe meldeten sich zu Wort. Die paar Erbsen würden sie schon auftreiben! Nur der Mönch, ein weiser Mann, blieb still in seinem Winkel sitzen und trank sein Bier.

Das Interesse der anderen förderte wiederum die Entschlussfreude des Wirtes und er rief in die allgemeine Unruhe: „Mir wurde das Pferd angeboten, nicht euch! Und ich werde es auch kaufen. Der Handel gilt!" Und er schlug in die Hand des unbekannten Ritters ein. Dann rief er seinen Burschen: „Michel, lauf in den Keller und hole Wein für alle! Auf meine Kosten!" Da war das Johlen groß in der Wirtsstube und das Lob auf den Wirt klang bis hinaus auf die Straße. Ganz leise aber, dass nur der Michel es hören konnte, fügte der Wirt hinzu: „Nimm vom Fass hinten links, der Wein ist grad gut genug für die Brüder. Den guten Wein lässt du im Keller."

Ein jeder freute sich, nun einen guten Grund zu haben, noch nicht nach Hause gehen zu müssen. Der Wirt nahm den Ritter zur Seite und sprach: „Herr, ich hoffe nur, dass ihr den Handel nicht bereut und davon zurücktreten wollt. Denn ich habe nicht vor, das Geschäft rückgängig zu machen. Wir sind miteinander im Wort, dafür habe ich Zeugen." Damit machte er eine Handbewegung und wies auf die Zecher, die eifrig ihre Humpen und Becher leerten. „Seid sicher, guter Wirt, der Handel gilt", antwortete der Ritter. Dann ließ er sich ebenfalls einen Humpen reichen und trank auf das Wohl des Wirtes. Merkte er denn nicht, wie die anderen über ihn spotteten und lachten?

Schließlich wollte er den Handel angehen. Er nahm sich Kreide aus seiner Reisetasche und begann auf dem Tisch, nur der lieben Ordnung halber, wie er sagte, den Gegenwert seines Pferdes in Erbsen zu errechnen: Erster Nagel: eine Erbse. Zweiter Nagel: 2 Erbsen. Dritter Nagel: 4 Erbsen. Und so ging die Rechnung weiter: 8 – 16 – 32 – 64. Dann wurden die Zahlen schon etwas größer: 128 – 256 – 512. Der Wirt überschlug, wieviel das wohl ungefähr sei und kam zum Ergebnis, dem Ritter bislang nicht mehr Erbsen geben zu müssen, als in einen Weinkrug gingen. Weiter: 1 024 – 2 048 – 4 096 – 8 192 – 16 384 – 32 768. Jetzt wurde der Wirt unsicher. Was waren denn das für Zahlen? Die kannte er gar nicht aus den täglichen Geschäften in seiner Wirtschaft. Wie sollte denn das weitergehen? Beim wievielten Hufnagel war der Ritter in seiner Berechnung angelangt? „Die Hälfte haben wir schon", beantwortete der Ritter die nur gedachte Frage, „sechzehn Nägel sind es noch." Und er nahm die Rechnerei wieder auf. Immer mehr der immer bizarreren Zahlen füllten das Papier: 65 536 – 131 072 – 262 144 – 524 288 – 1 048 576 – 2 097 152. Dem Wirt wurde heiß und kalt. Er schnappte nach Luft. War die Rechnung zu Ende? Nein. Woher sollte er denn so viele Erbsen nehmen? Er wurde wütend. Endlich bemerkte er, dass er dem Ritter auf den Leim gegangen war. Aber es war ja seine eigene Schuld gewesen! „Was sind denn das für Possen“, fuhr er den Ritter an, „nicht eine Erbse werde ich euch für das Tier geben. Auch wenn es ein stattliches Pferd ist, mehr als fünfundzwanzig Gulden ist es doch nicht wert. Und weil ich mit euch keinen Streit haben will, lege ich dasselbe noch einmal drauf und gebe euch fünfzig Gulden. Damit habt ihr ein gutes Geschäft gemacht, alles was recht ist.“ Der Ritter aber schüttelte den Kopf. „Nein“, sagte er, „wir waren uns einig – wir waren uns einig, dass ihr mich mit Erbsen bezahlt, und Erbsen will ich haben.“

Die Gäste in der Schankstube raunten, steckten die Köpfe zusammen und dankten insgeheim Gott, dass nicht sie das Pferd angeboten bekommen hatten. Der Mönch lächelte still vor sich hin. „Denkt daran“, sprach der Ritter, „dass ihr euch vorhin noch auf eure Gäste als Zeugen berufen habt. Das tu ich jetzt auch. Eure Gäste sind meine Zeugen für unseren Handel – und bei unserem Handel bleibt es. Ob es euch gefällt oder nicht.“ „Es gefällt mir nicht! Und ich zahle nicht“, entgegnete der zornige Wirt. Der Ritter notierte die Namen einiger Zeugen, auf die er sich berufen wollte. Dann sagte er, er werde den Wirt vor Gericht bringen und verließ die Gaststube. Als es einige Tage später dazu kam, dass der Fall vor den hohen Herren im Römer verhandelt wurde, hatten sich viele Schaulustige eingefunden. Jedermann wollte die beiden Streithähne sehen, die sich wegen des „Erbsenhandels“, wie die Angelegenheit schon in ganz Frankfurt genannt wurde, nun vor Gericht auseinandersetzten. Das war dem Wirt natürlich gar nicht recht, denn er wusste wohl, dass die Frankfurter herzlich über ihn lachten. Aber so ist es eben: Wer den Schaden hat, braucht für den Spott nicht zu sorgen. Die Verhandlung über den strittigen Handel wurde mit einem Vergleich geschlossen, der beide Seiten zufrieden stellen sollte. Der Ritter verzichtete darauf, dass der Wirt ihm sein Pferd in Erbsen bezahlte, und der Wirt willigte ein, dem Ritter einhundert Gulden für das Tier zu geben. Das ärgerte ihn zwar, traf ihn aber nicht allzu hart, denn er war durch seine Gastwirtschaft längst ein reicher Mann geworden. Doch er schwor sich, künftig ganz genau zu rechnen, bevor er einem Handel zustimmen würde. Der Ritter aber war zufrieden und steckte die hundert Gulden ein. Damit konnte er sich gut auf seinem Mainschiff einrichten und seinen Erbsenhandel auf dem Fluss beginnen. Die Frankfurter kauften gern bei ihm, denn er bot ihnen gute Ware für gutes Geld. Der Wirt aber, wenn er sich überhaupt wieder einmal an diese Hülsenfrüchte herantraute, kaufte seine Erbsen lieber woanders ein. Ansonsten war er froh, dass so selten Ritter seine Wirtschaft besuchten. Und wenn doch mal einer seine Gaststube betrat, fielen ihm einhundert bessere Aufgaben ein, als ihn nach seinen Reisen zu befragen.

Der mächtige Zauberer, Doktor Faust

Wie der berühmte Zauberer Doktor Johann Faust einmal nach Frankfurt kam und einem schauerlichen Schauspiel ein schreckliches Ende setzte.

Dafür, dass Doktor Johann Faust weder Aufschneider, Prahlhans noch Hochstapler war, sondern tatsächlich der größte und bedeutendste Zaubermeister seiner Zeit, der wirklich mit dem Teufel im Bunde stand, ist diese Geschichte Beweis. Sie hat sich wahrheitsgetreu genau so, wie sie hier niedergeschrieben steht, in Frankfurt zugetragen.

An einem Tag, an dem wegen der Fastenmesse die Stadt beinahe überquoll von Messebesuchern, Kaufleuten und allem sonstigen Volk, das durch die Messe angezogen wurde, machte Johann Faust auf einer Reise durch das Land auch in Frankfurt Station. Er schlenderte durch die Gassen und besah sich die Auslagen der Geschäfte und fahrenden Händler und erweckte den Eindruck, ein ganz gewöhnlicher Besucher der Stadt zu sein. Er aß hier ein Stückchen Wurst, trank dort einen Schoppen Wein und genoss es, am Treiben der einfachen Leute teilzuhaben.

Als er zwei Männer sah, die sich miteinander unterhielten, stellte er sich in deren Nähe. Scheinbar zufällig – doch eigentlich wollte er hören, worüber die beiden Frankfurter sprachen. Der Zufall wollte, dass er selbst Gegenstand der Unterhaltung war. Mit gespitzten Ohren lauschte der große Schwarzkünstler den beiden.

Einer von ihnen erzählte dem anderen, in einem Gasthaus nahe der Judengasse säßen vier Magier. Sie verblüfften das Volk mit ihrer großen Zauberkunst, indem sie sich der Reihe nach die Köpfe vom Hals schlügen.

Als wäre es das reine Kinderspiel, setzten sie sich die Köpfe dann wieder auf den Hals und lebten fröhlich weiter. Ganz so, als hätten sie sich nur mit einem Messerchen geritzt. „Und während die vier Zauberer dies taten", so erzählte der eine Frankfurter dem anderen, „führten sie große Reden und erklärten der sie umlagernden Menge, sie seien die größten Zauberer auf der ganzen Welt – viel bedeutender als Doktor Faust, der anerkannt große Magier." Das rührte den Doktor Faust wie ein Donnerschlag. „Wie denn? Was denn?" dachte er, als er das hörte. „Die wollen sich über mich stellen, den größten Zauberer aller Zeiten? Wartet nur ab, euch Spitzbuben werde ich eine tüchtige Lehre erteilen."

Da *Johann Faust* damals schon mit dem Teufel im Bunde war, würde es für ihn ein Leichtes sein, die schwarze Kunst dieser Zauberer zu überbieten. Und er lenkte seine Schritte zum benannten Gasthaus, um zu sehen, was an der Geschichte wahr sei. Und wirklich, es war genauso, wie der Mann berichtet hatte. Als Faust seinen Weg durch die Menschenmenge gebahnt hatte und sich ganz nahe bei dem schaurigen Geschehen befand, musste er anerkennen, dass diese Zauberer wirklich ganz vorzügliche Meister ihres Fachs waren. Aber bedeutender als er selbst? Bei allem Pech und Schwefel! Das dann doch nie und nimmer! Und das würde er ihnen und den umstehenden Gaffern, die übrigens keineswegs nur angetan waren von diesem finsteren Spektakel, eindrücklich unter Beweis stellen. Es waren nicht wenige gestandene Männer, natürlich auch einige Frauen, die dem Entsetzen näher waren als der Begeisterung. Nicht wenige suchten Stärkung in reichlich

ASCHAFFENBURG

meister gibt als ihn. Wir bitten ihn, uns unseren Hochmut zu vergeben. Johann Faust, wenn ihr hier seid, so bitten wir euch: Gebt euch zu erkennen."

Für einen Moment spielte Faust tatsächlich mit dem Gedanken die Hand und seine Stimme zu erheben, und sich zu erkennen zu geben. Doch dann bedachte er die Konsequenzen und besann sich eines Besseren. Was, wenn man ihn für seine grausame Tat büßen lassen wollte? Oder der Rat der Stadt von der Sache Wind bekäme? Die Strafe dafür würde sicher empfindlich ausfallen. Das konnte er auf keinen Fall riskieren, denn schließlich hatte er bald eine Verabredung auf dem Blocksberg, und die wollte er um nichts auf der Welt versäumen. So verließ er denn mit dem Strom der Besucher das Wirtshaus, ohne sich erkennen zu geben. Und draußen, als er ein Stück gegangen war und an die Brücke hinüber nach Sachsenhausen kam, konnte er sich seine Freude über das gelungene Bubenstück nicht länger verkneifen. Und der große Zauberer Doktor Johann Faust fing an laut zu lachen. Aus der Tiefe seiner finsteren Seele, die er dem Teufel verschrieben hatte.

Der scheinheilige Adel

Wie ein schöner Räuberjüngling in die Geschäfte des Adels hineinpfuschen wollte …

Es ist schon eine ganze Weile her, da erfreute diese kleine Geschichte von einem Räuberhauptmann, der erst festgenommen, dann beinahe freigelassen und schließlich aber doch enthauptet wurde, die Frankfurter, die auch damals schon eine Vorliebe für grausige Geschichten hatten. Die Geschichte ging so: Im tiefen Spessart hauste ein Räuber mit seiner Bande. Kein Reisender, keine Kutsche, kein Kaufmann auf dem Weg nach Frankfurt oder von dort nach Hause war vor ihm sicher. Seine Männer galten als die hartgesottensten Wegelagerer, die ihren Opfern nichts als die Unterwäsche am Leibe ließen und ihnen alles nahmen, was sie mit sich führten. Geld, Schmuck, Kleider – nichts war vor ihnen sicher. Und sie nahmen nicht von den Reichen, um den Armen zu geben, wie weiland Robin Hood. Sie nahmen von jedem und behielten alles für sich. Ob Bettler oder Edelmann – das war den Räubern einerlei. Man erzählte sich, sie hätten tiefe Höhlen in die Berge des Spessart gegraben, in denen sie ihre Beute lagerten. Auf diese Weise hatten sie im Laufe der Zeit einen märchenhaften Schatz angehäuft. Wer irgendwie konnte, benutzte deshalb andere Wege, um auf seinen Reisen von und nach Frankfurt nur nicht die dunklen Spessartwälder durchqueren zu müssen.

Die Herren im Frankfurter Römer wollten dem Treiben des Räuberhauptmanns und seiner Bande jedenfalls nicht länger tatenlos zusehen. Und so setzten sie alles daran, der Burschen habhaft zu werden. Also stellten die Frankfurter den Räubern eine Falle: Getarnt als harmlose Reisende fuhren sie mit Kutschen durch das Gebiet, in dem die Räuber ihr Unwesen trieben. In Wirklichkeit waren sie bis an die Zähne bewaffnet, und als die Räuber sie tatsächlich überfielen und ausrauben wollten, staunten diese nicht wenig, als die harmlosen Reisenden sich als schwer bewaffnete Kämpfer erwiesen. Die Räuber wurden überrumpelt, gefesselt und nach Frankfurt gebracht. Dort wurde der Räuberhauptmann vor den Rat der Stadt geführt, seine Bande wurde in den tiefsten Kerker gesperrt. Die Räte sollten über die Bestrafung des Räuberhauptmanns beraten. Man hatte der ganzen Bande die Begegnung mit dem Henker und seinem scharfen Beil in Aussicht gestellt und wenig Hoffnung darauf gemacht, dass sie davonkommen würde.

Vor dem Römer, wo über den Räuberhauptmann Gericht gehalten wurde, hatten sich zahlreiche Schaulustige eingefunden. Vor dem Eingang des Rathauses herrschte am Tag der Verhandlung reges Gedränge. Und wie waren die Frankfurter überrascht, als sie den gefürchteten Räuberhauptmann sahen! Sie hatten einen gestandenen Räuber erwartet, wahrscheinlich einen mit Rauschebart und wilden Haaren, mit einem grimmigen, narbigen Gesicht, einen Verwilderten in Fell- und Lederkleidung mit Patronengurten und einem großen Schlapphut, der sie beschimpfte und Drohungen gegen jedermann ausstieß. Und was wurde ihnen hier geboten?

Ein Jüngling! Ein fescher Bursche, kaum im Mannesalter. Sauber und gepflegt die Kleidung, gefällig gelockt das Haar und freundlich das Gesicht. Wie verblüfft waren die Frankfurter da. Und als er, nachdem man ihn losgebunden hatte, mit einem eleganten Hüpfer vom Wagen gesprungen war, mit dem man ihn in die Stadt gebracht hatte, und mit der Bemerkung „Jetzt will man mich einen Kopf kürzer machen, die Woche fängt ja gut an!“ die Umstehenden zum Lachen gebracht hatte, da schlug sich das Volk gleich vollends auf seine Seite und konnte sich gar nicht vorstellen, dass dieser freundliche, strahlende junge Mann ein säbelrasselnder Räuberhauptmann und Übeltäter sein sollte.

Und so ging das auch im Gerichtssaal weiter. Als die Räte sahen, dass ein Grünschnabel zur Verhandlung geführt wurde, wunderten sie sich sehr, denn auch sie hatten einen handfesten Haudegen erwartet, nicht diesen höflichen Knaben, der seinen Hut lüpfte und freundlich einen guten Tag wünschte. Sie wollten hart mit ihm ins Gericht gehen, ihn die volle Härte der Obrigkeit spüren lassen – und merkten bald, dass sie sich nicht recht trauten, die angemessene Strenge walten zu lassen. Womöglich hatten sie auch Schwierigkeiten zu glauben, dass ihre Häscher tatsächlich den Richtigen eingefangen hatten. Und sie fragten ihn: „Bist du tatsächlich der gefürchtete Räuber, der mit seiner Bande im Spessart haust und jeden Reisenden, der ihm begegnet, ausnimmt bis aufs Hemd?" Und er antwortete: „Gewiss, edler Herr, niemand anderer steht vor euch." Dabei verneigte er sich so vollendet, als hätte er es bei Hofe gelernt. Und weil sein Betragen so gut und seine Erscheinung so sehr die eines höflichen Jünglings war, hatte jedermann Mitleid – und fand trotz allem auch Gefallen an ihm.

Niemand wollte sich dazu entschließen, diesen Jungen dem Henker zu übergeben, dass der sein Beil an seinem Hals ausprobiere. Also verschob man den Urteilsspruch und ließ das Räuberlein einstweilen von den Wachen in eine sichere Zelle bringen. Dafür mussten sie aus dem Rathaus hinaus auf den Römerberg, und ein paar Schritte bis zum Gefängnis gehen. Dabei führte sie ihr Weg an einem Wirtshaus vorbei, vor dem eine Gruppe Adliger stand, die gerade Geschäfte mit den Frankfurter Bürger trieben. Sie sahen den jungen Mann, gebunden und eskortiert von grimmigen Wachen, und hielten ihn wegen seiner Kleidung und Ausstrahlung für einen ihresgleichen. Und als sie hörten, er würde sicher in den nächsten Tagen vor den Henker geführt werden, damit der ihm den Kopf von den Schultern haue, entschlossen sie sich, in den Römer zu gehen und um Gnade für den Gefangenen zu bitten.

So schritten sie vor den Rat und schimpften, was denn mit dieser herrlichen, altehrwürdigen freien Stadt geschehen sei, dass ein Junge, ein halbes Kind noch, in Ketten gelegt und vor den Henker geführt würde. Er solle sofort auf freien Fuß gesetzt und dahin verbracht werden, woher man ihn geholt habe. Da wurden sie gefragt: „Ihr Herren, wisst ihr denn auch, warum dieser Junge von uns in Ketten gelegt wurde und warum er vor den Henker gebracht werden soll?“ „Nein“, war da die Antwort der Edlen, „welches Vergehen kann denn einer wie er schon begangen haben? Er hat ja noch nicht einmal Flaum auf der Oberlippe! Was hat er getan? Hühner gestohlen? Oder ein Brot?“ Einer der Ratsherren, ein älterer, würdevoller Mann, ergriff das Wort und entgegnete den Adligen: „Der Bursche, um den ihr euch so redlich bemüht, edle Herren, ist einer der gefährlichsten und gierigsten Räuber. Hier geht es nicht um Hühner oder Brot. Wer ihm und seiner Bande in die Hände fällt, der kommt als armer Mann nach Hause und kann froh sein, dass ihm sein Leben geblieben ist.“ Da empörten die Adligen sich sehr und sprachen: „Hätten wir das doch gleich gewusst! Ganz unbedingt muss er mit aller Härte bestraft werden“, sagte einer. „Ihm den Kopf abzuschlagen ist als Strafe gerade hart genug“, sagte ein anderer der edlen Herren. Und so kam es dann auch. Der Rat der Stadt Frankfurt hatte sich besonnen und fällte einstimmig sein Urteil.

Am folgenden Tag wurde der Gefangene zum Richtplatz geführt, wo er sich noch einmal artig vor dem großen Publikum verneigte, das sich eingefunden hatte, um dem Spektakel beizuwohnen. Dann

OFFEN-
BACH

legte er den Kopf auf den Richtblock und der Henker tat seine Pflicht. Die Adligen, die gestern noch den vermeintlich unschuldigen Knaben befreien wollten, waren erleichtert, dass heute der gefürchtete Räuber seine gerechte und wohlverdiente Strafe erhalten hatte. Denn Reisende und Kaufleute in den dunklen Wäldern des Reiches nach Gutdünken auszurauben, das stand doch nur dem Adel zu, der sich über alles Recht und Gesetz hinwegsetzte und sich nahm, was ihm gefiel. Und da ließ er sich doch von so einem dahergelaufenen Grünschnabel nicht hineinpfuschen.

Das Mörderbrünnchen

Warum der Kesselbruchweiher im Frankfurter Stadwald noch als Mörderbrünnchen bekannt ist.

Im Frankfurter Wald arbeitete einmal ein junger Bursche als Waldaufseher und Jäger. Der liebte seine Arbeit sehr und sein größtes Glück war es, vom Morgen bis zur einbrechenden Dunkelheit durch den Wald zu streifen. Die Menschen waren ihm rätselhaft. Er mied ihre Gesellschaft und wusste nicht, wie er mit ihnen umgehen sollte. Obwohl er ein großer, hübscher Bursche war, dem manch Frankfurter Mädchen sehnsuchtsvolle Blicke zuwarf, reagierte er unsicher und schüchtern, wenn er angesprochen wurde. Aber im Wald fühlte er sich wohl. Den Wald konnte er lesen wie ein offenes Buch. Er kannte die Pflanzen und Tiere, wusste welches Blatt von welchem Baum stammt, kannte die Blüten der Blumen und Büsche und wusste, welches Tier welchen Abdruck im feuchten Boden hinterlässt. Der Wald war des jungen Jägers Element.

Als er am Ende eines schönen Frühlingstages unter alten Eichen seines Weges ging und seine Schritte zum Waldbrünnchen lenkte, an dem er seine Feldflasche füllen wollte, hörte er ein feines, helles Lachen und einen zarten Gesang an seine Ohren klingen. Er schlich hinter einen Haselnussstrauch und versteckte sich. Auf dem Rand des Brunnens sah er eine ganz und gar liebliche Gestalt sitzen. Ein Mädchen, wie er noch keines gesehen hatte. Es flocht seine langen, flachsblonden Haare zu einem kräftigen Zopf und sang dabei eine Melodie. Der junge Jäger saß noch immer gut versteckt hinter dem

Busch und machte keinen Mucks. Doch das Mädchen auf dem Brunnenrand drehte seinen Kopf zu ihm, blickte ihm direkt in die Augen und sprach: „Waldaufseher, hübscher Jüngling, komm zu mir auf den Brunnenrand und leiste mir Gesellschaft". Wie hatte das Mädchen ihn sehen können? Er war doch so gut wie unsichtbar in seinem Versteck! Wie hatte dieses Mädchen ihn dort entdecken können? So schnell und so leise er konnte, stahl er sich aus seinem Versteck und eilte davon. Er rannte den ganzen Weg zurück ins Forsthaus.

Als sein Atem wieder ruhig ging und er sich erholt hatte, klopfte sein Herz immer noch ganz schnell und aufgeregt, aber das tat es jetzt nicht mehr wegen der Anstrengung. Da war ein Gefühl, das der junge Waldläufer bisher nicht gekannt hatte. Und er konnte an gar nichts anderes mehr denken, als an die Schöne auf dem Brunnenmäuerchen. Sein Herz schlug ihm bis zum Hals und er hatte ein Gefühl im Magen, als flatterten unzählige Kohlweißlinge, Zitronenfalter und Tagpfauenaugen darin herum. Auch noch, als er sich am Abend zur Ruhe legte, hatte er das Bild des Mädchens vor Augen. Er schloss die Augen und sah es vor sich, so klar, als wäre sie bei ihm. Sie lächelte und winkte ihn zu sich. „Komm' her zu mir", schien sie ihm zuzurufen, „lass' mich nicht noch länger auf dich warten." Dann schlief er ein.

Und weil ihn das Bild des Brunnenfräuleins auch am nächsten Tag nicht losließ, entschloss er sich, den Weg zum Waldbrünnchen gleich noch einmal anzutreten. Er wollte die Schöne unbedingt wiedersehen. Aber erst musste er mit den anderen Waldaufsehern einen Zaun um eine Pflanzung junger Buchen errichten. Als der Zaun endlich stand, konnte er sich auf den Weg machen. Und wie sehr er sich beeilte, sein Ziel zu erreichen! Wo er sich sonst gern die Zeit nahm, seine Blicke schweifen zu lassen, zu verweilen, mal hierhin und mal dorthin zu gehen, rannte er heute fast durch den Wald, den Blick geradeaus gerichtet. Nur endlich ankommen!

Als er wie am Vorabend an dem Haselnussstrauch angekommen war, verbarg er sich und schaute. Tatsächlich, dort, wenige Meter entfernt, saß auf dem Rand des Brunnens die Schöne und flocht ihr Haar. Und, obwohl sie ihn unmöglich hatte sehen oder hören können, wandte sie ihren Kopf ihm zu, kicherte und rief: „Ich wusste, dass du wiederkommst. Aber du hast lang auf dich warten lassen. Komm her zu mir, mein schöner Waldmann“. Der Jäger nahm seinen Mut zusammen und trat hinter dem Busch hervor. Er ging zu der Schönen und setzte sich zu ihr. Sie fühlten sich sofort zueinander hingezogen. Sie streichelte über seine Wange, und er wusste, dass er nie wieder eine Frau treffen würde, die er lieben würde wie diese. Seine Schüchternheit war wie weggeweht. Er nahm das Mädchen in die Arme und sie hielten sich fest umschlungen.

Schließlich sagte sie: „Ich möchte dir erzählen, wer ich bin“. Und sie erzählte ihm, dass sie eine Brunnennixe sei, die in dem Brunnen und im Wasser tief unter der Erde ihr Zuhause habe. Wer eine Brunnennixe zur Frau nehmen wolle, der müsse ihr sieben Jahre treu bleiben, sie lieben und ehren. Während dieser Zeit aber dürfe sie ihren Brunnen nicht verlassen. Danach erst könne sie leben wie eine normale Menschenfrau und könne mit ihrem Liebsten gehen, wohin das Leben sie führe. Der junge Waldaufseher sagte ihr das gerne zu. Als Zeichen ihrer Liebe und Treue gab die Brunnennixe ihm einen Ring mit einem eingefassten leuchtenden, klaren Stein.

Von da an ging der Waldaufseher ganz oft den weiten Weg bis zum Brunnen im Walde um seine Liebste zu besuchen. Der junge Jäger war von dem Tag an wie ausgewechselt. Er hatte nie die Gesellschaft der anderen Waldaufseher gesucht, hatte sich nur soviel als unbedingt notwendig an ihren Gesprächen beteiligt und war immer lieber für sich als mit anderen gewesen. Nun aber war er leutselig, unterhaltsam und lustig. Er erzählte viel und lachte mit den anderen, die sich über seinen Wandel freuten. Nur einer von ihnen, der sich darüber ärgerte, dass der junge Waldaufseher die ganze Aufmerksamkeit bekam, wollte wissen, was der Grund für die Veränderung war. Also schlich er unbemerkt hinter dem jungen Jäger her, als der wieder einmal den Weg in den Wald einschlug. Als sie am Ziel angekommen waren, und der Eifersüchtige sehen konnte, wer den jungen Waldaufseher am Brunnen erwartete, da biss ihn der Neid kräftig ins Herz. Auf dem Rand des Brunnens saß das schönste Mädchen, das er jemals gesehen hatte. Sofort wusste er, dass es ganz ihm gehören sollte. Und als er sah, wie die beiden sich festhielten und küssten, dachte er sich einen finsteren und bösen Plan aus.

Am nächsten Abend lauerte er dem braven Waldmann auf. Als der wieder auf dem Weg zu seiner Liebsten war, sprang der Böse aus einem Versteck am Wegesrand, rang den braven Waldmann zu Boden und stach ihn mit seinem Jagdmesser tot. Der Waldmann sank zu Boden und blieb leblos liegen. Der andere zog ihm den Ring vom Finger und barg ihn in seinem Lederbeutel. Dann ging er zum Brunnen.

Die Nixe saß wie am Tag zuvor auf dessen Rand. Als sie hörte, dass jemand kam, dachte sie zuerst, es sei ihr Geliebter. Als sie ihren Irrtum bemerkte und einen Fremden sah, glitt sie erschrocken in den Brunnen hinab. Der böse Waldaufseher rief nach ihr: „Du schöne Brunnenfrau, wo versteckst du dich? Ich bringe Nachricht von deinem Liebsten!“ Da reckte die Brunnennixe ihren Kopf wieder aus dem Brunnen und fragte: „Wer bist du? Warum kommt mein

Liebster nicht selbst?" „Dein Liebster kommt nicht mehr", antwortete der Mörder, und er tat dabei sehr rücksichtsvoll und mitfühlend. „Er ist wohl nicht nur dein Liebster gewesen. Er ist ein untreuer, schlechter Mensch, der es nicht verdient, dass du um seinetwillen traurig bist." „Wie meinst du das?", fragte die Nixe. „Warum sagst du so etwas? Was hat er getan?" Der Waldaufseher tat, als würde es ihm schwerfallen, die schlechte Nachricht zu überbringen. „Heute hat er beim Oberaufseher des Waldes um die Hand von dessen Tochter angehalten", sprach er. „Er hat sich mit ihr verlobt und will sie so schnell es geht heiraten." Die Nixe blickte stumm in das Gesicht des Jägers. Tränen traten in ihre Augen. Konnte es sein, dass der, den sie so liebte, sie so schändlich belogen hatte?

Der mörderische Jäger öffnete seine Ledertasche und reichte der Brunnennixe den Ring mit dem Stein, den er dem toten Waldaufseher vom Finger gezogen hatte. „Den schickt er durch mich an dich zurück. Wenn es etwas gibt, das ich für dich tun kann, so sprich es aus, und ich werde es tun", sprach der Heuchler. Doch als der Ring auf der Handfläche der Brunnennixe lag, veränderte der Stein seine Farbe. Er leuchtete jetzt dunkelrot. Da wusste die Nixe, dass ihr Liebster tot war und sein Mörder vor ihr stand. Und der log ihr ins Gesicht. Oh, wie wütend wurde die Brunnennixe da! – Wer ein bisschen über Nixen bescheid weiß, der fürchtet deren Zorn. Denn der ist viel gefährlicher als der Zorn des Menschen. Nixen gehören ja zu den Wassergeistern. Wer sich mit solchen Wesen anlegt und ihre Wut weckt, der schwebt in größter Gefahr. Denn genauso groß, wie ihre Liebe sein kann, so zerstörerisch und tödlich ist auch der Zorn dieser Wesen. – Und den bekam der mörderische Jäger jetzt zu spüren. Die Nixe, so zart und zerbrechlich sie auch aussah, stürzte sich mit immenser Kraft auf ihn. Sie riss ihm das Messer, an dem noch das Blut ihres Liebsten klebte, aus dem Gürtel und stieß es ihm mit einem entsetzlichen Schrei in die Brust.

Der Mörder sank tot zu Boden, noch ehe er begriffen hatte, was geschehen war.

Am nächsten Tag wurden die beiden Waldaufseher von den anderen vermisst. Und weil sie auch am übernächsten Tag noch nicht wieder auftauchten, begann man mit der Suche nach ihnen. Und als ihre Leichname schließlich gefunden wurden, erstochen alle beide, da entstanden die seltsamsten Geschichten rund um das Mörderbrünnchen. Denn bis heute hört man in manchen Nächten im Frankfurter Stadtwald das Klagelied der Brunnennixe, die ihren Liebsten verloren hat. Gesehen hat man das liebliche Wasserwesen aber niemals wieder.

den Geiger ganz krumm machte. Nur wenn er Geige spielte, fühlte er sich leicht und wendig. Dann spürte er seinen schiefen Körper nicht. Vielleicht wäre er auch ohne den Buckel nicht unbedingt der Schönste und der Schwarm aller Frauen gewesen, er hätte aber sicher der einen oder anderen gefallen. Aber so? Keines der jungen Mädchen, die ihm so gut gefielen, wollte ein buckliges Männlein heiraten. Sich zum Tanz von ihm aufspielen lassen – das mochten alle gern. Aber einen Buckligen heiraten und liebhaben? Nein, das wollten sie wohl nicht. So war er auf dem Heimweg, wenn er von den Gesellschaften nach Hause ging, immer allein und niemand wartete auf ihn und hatte ihm ein Essen gekocht, oder schon einmal die Pantoffeln vor den Ofen gestellt und die Pfeife gestopft. So war es auch an diesem Abend. Der Geiger hatte auf der Hochzeit eines Schustergesellen und der Tochter eines Tuchwebers musiziert und war nun auf dem Weg nach Hause. Es war spät geworden und der Geiger hatte einen Rausch von dem vielen Wein, den man ihm ausgegeben hatte.

Es war eine schöne Frühlingsnacht, die letzte Nacht im April. Nun schlich er in Schlangenlinien durch die engen Gassen der Altstadt. Und wie er so vor sich hin ging und müde über das Pflaster trottete, es mag in der Nähe des Alten Marktes, zwischen Dom und Römer gewesen sein, vernahm er ganz zarte Klänge. Wie ein feines Gespinst, das durch die Luft schwebte, klangen sie an sein Ohr. Der Geiger blieb stehen und horchte. Mal leise und mal etwas lauter wehten die Töne durch die Gassen, an den Häusern entlang und über die Dächer hinweg, fein wie der Wind wirbelten sie durch die Luft. Der Geiger konnte nicht sagen, woher genau sie kamen. Er ließ sich von den sphärischen Tönen noch mehr benebeln und folgte ihnen ohne zu wissen, wohin er eigentlich ging. Es ging ein Stückchen geradeaus, dann bog er links ab, noch einmal links und

dann bog er ein- oder zweimal rechts ab, vielleicht auch noch einmal links, das merkte er sich nicht so genau.

Die Töne wurden lauter, und bald sah er Lichter, blau, violett und weiß. Er tat noch ein paar Schritte und stand dann auf einem kleinen Platz. Dort sah er eine Gruppe von Frauen: eine schöner als die andere, wie er fand. Der Geiger hatte sich schnell hinter einer Hausecke verborgen, er wollte von den Frauen nicht entdeckt werden. Sie hatten ein Lager aus Kissen, Decken und Tüchern auf dem kalten Pflaster; auf einem niedrigen Tischchen standen Teller und Schüsseln mit Früchten und feinen Speisen, auch Krüge, die bestimmt Wein enthielten. Die Frauen weckten seine Neugierde. Etwas stimmte mit ihnen nicht. Es waren nicht die langen Haare, die weich und leicht wie Seide in der Luft wehten, obwohl es windstill war. Es waren auch nicht ihre Kleider, die sie wie Wasser umflossen. Auch das Licht, dessen Ursprung er nicht ausmachen konnte, irritierte ihn nicht so sehr. Es war etwas anderes: Die Frauen schwebten über dem Boden. Nicht viel, nur etwa einen Fingerbreit. Ihre Füße standen nicht auf dem Pflaster, sondern schwebten darüber hinweg.

Der Geiger stand verborgen und schaute sich das unwirkliche Treiben eine Weile an, wohl darauf bedacht, nicht auf sich aufmerksam zu machen. Nach einigen Minuten wollte er sich unbemerkt davonschleichen. Doch weil er nun einmal einen ziemlichen Schwips hatte, schwankte und trudelte er und knickte dabei mit den Beinen ein, was zur Folge hatte, dass er sich unsanft auf den Hosenboden setzte und sein Geigenkasten polternd zu Boden fiel. Dann hörte er die Stimmen der Frauen hinter sich. „Du kommst spät“, sagte eine von ihnen. „Wir warten schon auf dich. Komm für einen Augenblick zu uns und nimm Platz.“ Die Frauen waren zu ihm herübergekommen, und tatsächlich, sie setzten ihre Füße nicht auf den Steinboden, sondern schritten durch die Luft. Als sie seine Verwunderung darüber bemerkten, sprach eine von ihnen: „Wundere dich nicht zu sehr darüber. In dieser besonderen Nacht ist vieles möglich." Er fühlte sich sanft emporgehoben und zum Lager der Frauen getragen, als wäre er leicht wie eine Feder. Sie setzten ihn auf die Kissen und betrachteten ihn nun ebenfalls neugierig.

„Wie wir gehört haben", sprach eine der Frauen nun, „sollst du ein recht guter Geiger sein, der sein Instrument trefflich spielen kann und die schönsten Weisen zum Tanzen kennt." „Spiel uns ein Lied", unterbrach sie eine zweite, „wir wollen tanzen und uns im Reigen drehen!" Und eine dritte sagte: „Wenn uns gefällt, was du spielst, so werden wir dir ein Geschenk machen." Der Geiger gehorchte und fing an eine Melodie zu spielen, die er lange nicht gespielt hatte, ein Lied von früher, das er in der Kindheit oft gehört hatte, wenn in seiner eigenen Familie gefeiert worden war. Es war ein Lied, das einen langsamen, getragenen und leisen Anfang hatte und dann immer schneller und fröhlicher wurde. Der Geiger spielte wunderschön und hatte selbst große Freude an seinem Spiel. Aber nicht nur er!

Die Frauen waren aufgestanden und hatten angefangen sich zu drehen, sie tanzten und hüpften in einem prachtvollen Reigen, dabei jauchzten und lachten sie. Seltsamerweise hatte die Szene keine weiteren Beobachter. Obwohl das kleine Fest mitten in der Stadt und zu nachtschlafener Stunde stattfand, beschwerte sich niemand. Er ließ den Geigenbogen auf den Saiten tanzen und trieb mit seiner Musik die tanzenden Frauen zu immer neuen Sprüngen, Jauchzern und Freudenschreien an. Als er das Stück beendet hatte, sanken sie glücklich und erschöpft in die Kissen und lobten ihn für sein Spiel. „Du hast wirklich besonders schön gespielt, hab vielen Dank dafür. Schon lange nicht mehr hatten wir so schöne Musik für unseren Tanz." Und die, die ihn als erste angesprochen hatte, als er mit dem Hosenboden auf der Erde gelandet war, ergänzte: „Und deswegen hast du einen besonderen Lohn verdient. Allerdings werden wir dir nichts geben, sondern etwas nehmen." „Mir etwas nehmen", dachte der Geiger erschreckt „um Himmels Willen, doch nicht etwa meine Geige?" Und er drückte das Instrument fest an seinen Körper. Die schönen Frauen bemerkten seinen Schrecken, eine von ihnen brachte ihm einen Becher. „Trink", sprach sie, „es wird dir gut tun." Obwohl er noch vorhin jeden weiteren Becher Wein abgelehnt hätte, hatte er jetzt schon wieder Lust auf einen ordentlichen Schluck. Und er dachte natürlich, dass nichts anderes als Wein sich in dem Becher befände. Doch das war nicht der Fall.

Es war eine bittere Flüssigkeit mit stechendem Geruch darin. Natürlich wollte er dieses Gebräu nicht trinken, aber mit sanftem Druck brachten die Frauen ihn dazu, den Becher zum Mund zu führen und Schluck um Schluck zu leeren. Sie lachten, als er sich schüttelte und ausrief „Pfui Deibel, was ist denn das für Hexentrunk, ihr wollt mich wohl vergiften?" Er spürte, wie Hände ihn am Rücken streichelten und über seinen Buckel strichen und hörte die Frauen leise lachen. Das ärgerte den Geiger. Zum Schaden also jetzt auch noch den Spott? Doch er spürte eine unendliche Müdigkeit. Er streckte sich auf dem Lager aus und schlief ein. Er wachte auf, als die Sonne gerade über die Hausdächer der Altstadt stieg und schreckte hoch. Mit einem Ruck war er auf den Beinen und sah sich um. Wo war denn das Lager geblieben? Und wo die Frauen? Nichts errinnerte mehr an das wundersame Fest der gestrigen Nacht. Seine Geige lag gut verpackt in ihrem Kasten, er hatte noch alle seine Siebensachen bei sich, war also nicht unter die Räuber gefallen. Und er hatte ausgezeichnet geschlafen. „Dieser Trank", so dachte er sich, muss ja ein tolles Mittel gegen den Rausch sein. Schade, dass sie mir das Rezept nicht dagelassen haben." Er fühlte sich leicht und voller Elan. So gut und frei hatte er sich seit Jahren nicht gefühlt, eigentlich noch nie! Als er sich den Geigenkoffer um den Rücken hängte, merkte er, dass etwas anders war. Etwas störte da. Oder besser: störte nicht. Er ruckte die Schultern, er drehte den Hals, er tastete mit den Händen. Was war denn mit seinem Rücken? Wo war denn sein Buckel geblieben? Er fasste sich wieder und wieder über die Schulter und tastete mit den Händen seinen Rücken ab. Nichts, kein Buckel, keine krumme Stelle, kein Hubbel. Er fühlte einen geraden, schlanken Rücken, gerade Schultern. Sein Buckel war fort! Die Frauen hatten ihm den Buckel genommen. Glücklich, aber ziemlich verwirrt ging er nach Hause.

Von da an änderte sich sein Leben. Er fühlte sich wohl, bewegte sich ganz ohne Schmerzen und glaubte sogar, dass sein Geigenspiel nun noch inniger, wärmer und weicher klang, aber das bildete er sich wahrscheinlich nur ein. Er merkte auch, dass die Blicke der Mädchen von anderer Art waren als zuvor. Wenn er nun durch die Stadt ging oder auf einem Fest die Geige spielte, so warfen sie ihm bewundernde Blicke zu, die er sehr genoss. Er hatte Lust, sich zu verlieben. Er wollte heiraten. Aber er wollte dabei auch vorsichtig sein, denn er wollte keine, die ihn nur wollte, weil er ein gut aussehender Kerl war. Er wollte sich eine Frau suchen, die zu ihm passte. Das dauerte natürlich eine Weile. Denn nicht jede, die einem Mann schöne Augen macht, ist die richtige für den Rest des Lebens.

Als der Sommer zu Ende war, hatte der junge Musikant aber eine Frau gefunden. Er liebte sie, sie liebte ihn. Sie mochte seine Art, musste lachen, wenn auch er lachte und sie ärgerte sich über die gleichen Dinge, die auch ihn ärgerten. Sie hatte sich in sein Wesen verliebt. Und er sich in ihres. Nachdem der Geiger sich bei der Wahl seiner Braut viel Zeit gelassen hatte, konnte es ihm nun nicht schnell genug gehen. Noch bevor die Blätter von den Bäumen fielen und die Herbststürme anfingen zu blasen, hatten die beiden geheiratet. Und weil er als Hagestolz nur ein kleines Dachzimmer in einer der engen Gassen bewohnt hatte, begann er nun, ein Haus am Rand der Stadt zu bauen. Es war klein und nicht breit, aber immerhin hatte es zwei Stockwerke, bot neben der Wohnstube und der Küche ein Schlafzimmer für das Paar und eines für das Kindchen, das die frisch Vermählte unter dem Herzen trug. So hatte der Zauber der letzten Aprilnacht viel Gutes gebracht. Wie gut, dass die Hexen – nichts anderes waren die Frauen nämlich gewesen – in dieser Nacht auf der Reise zum Blocksberg ihren Flug in Frankfurt unterbrochen hatten. Wie gut, dass der Geiger ihren Weg gekreuzt hatte.

Praunheimer Spukgeschichten

Ein spukender Müller und ein nasses Kalb lassen die Praunheimer nachts nicht ruhig schlafen

In Praunheim lebte einmal ein Müller. In seiner Mühle mahlte er das Korn, das die Praunheimer ihm brachten, zu Mehl, mit dem die Bürger dann ihr Brot buken. Aber wie oft mussten die Leute über ihren Müller schimpfen, denn der war ein rechter Betrüger. Er war nämlich nie zufrieden mit dem, was die Praunheimer ihm für seine Arbeit bezahlten, und so behielt er einfach immer einen Teil des Mehls für sich. So wurde sein Mehlvorrat immer größer. Und obwohl manch einer ahnte, dass der Müller ihn betrog, konnte ihm niemand beikommen. Es wollte einfach nicht gelingen, ihm seine Betrügereien zu beweisen. Er selbst stritt natürlich alle Vorwürfe vehement ab und schwor, dass man ihm Unrecht tue. Auf Erden mochte das eine Zeit lang und auch ein bisschen länger gut gehen, aber im Himmel merkte man sich die Betrügereien und Lügereien des diebischen Müllers sehr genau.

Als er schliesslich als alter Mann starb, stand er vor einem anderen, höheren Gericht. Als Strafe für seine irdischen Vergehen musste er als Spukgestalt in seiner Mühle umgehen und konnte keine Ruhe in seinem Grab finden. Nacht für Nacht streifte der spukende Müller jammernd und stöhnend durch die Mühle. Die Müllersburschen ängstigten sich schrecklich. Sie lagen mit dem Kopf unter der Bettdecke und klapperten mit den Zähnen. Sie hofften, dass das Morgenlicht dem Spuk bald ein Ende bereiten würde.

Der Müller hatte auch zwei Söhne. Die beiden waren ihm als Müller nachgefolgt und wussten ganz genau, was ihr Vater zu Lebzeiten falsch gemacht hatte. Wie oft hatten sie ihm bei seinen Betrügereien helfen und ihm unter Androhung von Prügel versprechen müssen, zu niemandem ein Wort darüber zu verlieren. Jetzt aber wollten sie ihrem Vater helfen, seinen Seelenfrieden zu finden. Und sie wussten auch, wie sie das anstellen würden.

Ihr Vater hatte es mit der Ehrlichkeit nie besonders ernst genommen. Ganz anders die Söhne. Sie waren nicht nur überaus korrekt im Umgang mit dem Korn der Praunheimer und gaben jedem eher eine halbe Schaufel voll Mehl zu viel, sie waren auch hilfreich und mildtätig. Kein Landstreicher, kein Hungerleider bat bei den beiden Müllersöhnen vergebens um eine Hand voll Mehl, einen Laib Brot oder sonst eine Gabe, die ihm half, seine Not zu lindern. Auch das eine oder andere Geldstück gaben sie in manches Bettlers Hand. Die beiden Söhne halfen gern. Auch, weil sie hofften, die Schuld ihres Vaters dadurch tilgen zu können. Und das gelang ihnen auch wirklich. Durch die vielen guten Taten, die sie an ihren Mitmenschen verübten, konnten sie ihren Vater aus dem Zwischenreich, dem Reich der Geister und Spukgestalten, befreien. Als die alte Mühle dann abgerissen wurde und aus ihren Steinen eine neue, größere Mühle errichtet wurde, mit der beide Söhne ihre Familien ernähren konnten, hatte der alte Müller seinen Frieden gefunden. Und in Praunheim gab es eine Spukgestalt weniger.

Aber da gab es noch eine zweite Erscheinung, das nasse Kalb. Niemand wusste, warum das Kälbchen sich nachts auf dem Feldweg zwischen Praunheim und Steinbach herumtrieb und nächtliche Fußgänger erschreckte. Aber außer dem gehörigen Schrecken erlitt niemand einen Schaden durch das Auftauchen des Tierchens. Es konnte auch niemand mehr sagen, seit wann das Kälbchen hier auf-

tauchte. Aber auch die ältesten Praunheimer und Steinbacher kannten das Kälbchen bereits aus ihren Kindertagen und wussten, dass das Tier schon damals altbekannt war. Das einzige was das Kalb tat, war sich an denen zu reiben, die ihm begegneten, ganz so, als wolle es an ihnen sein nasses Fell trocknen. Es war also wirklich ein harmloses Untier. Dabei muhte es allerdings so erbärmlich und schauerlich, dass einem das Blut in den Adern stockte. Bis auf einen nassen Fleck an Jacke und Hose behielt niemand etwas von diesen nächtlichen Begegnungen. Aber trotzdem fürchteten sich die Menschen vor dem Kalb und mieden den Weg nach Steinbach, sobald die Sonne untergegangen war.

Von Zeit zu Zeit ergab es sich allerdings, dass einer bei Nacht und Nebel den Weg vom einen Ort zum anderen gehen musste. So lebte damals in Praunheim eine Hebamme. Eines Tages wurde sie von einem Bauern nach Steinbach gerufen, weil seine Frau in den Wehen lag und die Geburt des ersten Kindes kurz bevorstünde. Die Hebamme packte ihre Hebammentasche und lief hinter dem Bauersmann her, der es sehr eilig hatte, zu seiner Frau zu kommen. Die Geburt des Kindes, einer kleinen Tochter, verlief gut und schon bald, nachdem die Bauersfrau erschöpft und glücklich ihr Mädchen im Arm hielt und es stillte, verabschiedete die Hebamme sich von den Bauersleuten, um den Heimweg anzutreten.

Da es aber mittlerweile dunkel geworden war und die junge Mutter die Hebamme den Heimweg nicht allein antreten lassen wollte, trug sie ihrem Mann auf, sie zu begleiten. Der hatte darauf wenig Lust und suchte nach Ausflüchten. Er würde seine Frau und das frisch geborene Kind jetzt nur sehr ungern allein lassen, sagte er und dass es doch noch gar nicht so dunkel sei. Da das alles nichts half, gestand er, dass er Angst vor dem gespenstischen Tier habe. Seine Frau ließ aber keine Widerrede gelten und auch die Hebamme lachte über den gestandenen Bauern, der Angst vor einem Kalb hatte.

So blieb dem Bauern nichts übrig als mitzugehen. Die Hebamme schritt dann auch unbeeindruckt von den Spukgeschichten durch die Dunkelheit. Der Bauer hielt sich dicht hinter ihr, die Augen ängstlich mal auf diesen, mal auf jenen Busch gerichtet. Und wirklich: Es dauerte gar nicht lange, da hörten sie von fern ein klägliches Blöken. Das Blöken wurde immer lauter und schließlich sahen sie das nasse Kalb hinter einer Hecke hervorkommen. Abgezehrt und mager stand es vor ihnen, auf klapprigen Beinen, mit tropfnassem Fell. Der Bauer starrte das Kalb mit weit aufgerissenen Augen an, er zitterte am ganzen Leib. Das Tier schritt wackelig auf ihn zu. Als es bei ihm angekommen war und sein nasses Fell an seiner Hose rieb, dachte er, sein letztes Stündlein habe geschlagen, so sehr fürchtete er sich. Die Hebamme, eine Frau, die sich nicht so schnell fürchtete, suchte in ihrer Tasche und zog ein paar trockene, dicke Tücher heraus. Eines davon reichte sie dem Bauern. Mit ihrem Tuch begann sie, das Tier trocken zu reiben, ganz so, wie sie es mit den frisch geborenen Buben und Mädchen tat, bevor sie sie ihren Müttern in die Arme legte. Und sie bedeutete dem Bauern, es ihr gleich zu tun. So trockneten sie gemeinsam das Fell des kleinen Kälbchens, und siehe da: Schon bald war es gar nicht mehr so gespenstisch anzusehen, sondern hatte ein schönes, dichtes Fell mit braunen Flecken.

Der Bauer traute seinen Augen kaum. Jetzt war aus dem Geisterkalb ein ganz normales Kälbchen geworden, vor dem er sich nicht mehr zu fürchten brauchte. Er wollte es schon fortscheuchen, um mit der Hebamme den Weg nach Praunheim fortzusetzen. Er dachte auch daran, diese unglaubliche Geschichte noch schnell im Wirtshaus zum Besten zu geben. Aber die Hebamme schickte den

Bauern nach Hause zu Frau und Kind und sagte ihm, er solle das Kälbchen mitnehmen und ihm einen guten Platz im Stall geben, es ordentlich pflegen und immer gut behandeln.

Der Bauer ging brav nach Hause und brachte das Kälbchen in den Stall. Dann ging er ins Haus zu seiner Frau, um sich mit ihr über das neugeborene Kind zu freuen. Seit diesem Abend wurde das nasse Kalb auf dem Feldweg von Praunheim nach Steinbach nie wieder gesehen. Der Bauer hatte den Spuk beendet. Das Kälbchen wuchs zur Kuh und die Kuh hatte ein gutes Leben bei der Bauersfamilie. Sie versorgte die Familie jeden Tag mit frischer Milch, und als die Zeit gekommen war, bekam sie selbst kleine Kälbchen. So dankte das kleine Geisterkälbchen dem Bauern dafür, dass er es trockengerieben hatte, und so sein gespenstisches Treiben beendet hatte.

Der kluge Richter

»Ehrlich währt am längsten, und Unrecht schlägt seinen eigenen Herrn.«

Es war einmal ein Kaufmann, der fuhr mit seinem Pferdewagen nach Frankfurt, weil er dort gute Geschäfte machen wollte. Sein Wagen war mit den feinsten italienischen Tüchern und Stoffen hoch beladen, und er versprach sich in der reichen Stadt einen ordentlichen Reibach. Denn er wusste, dass die Frankfurter Frauen sich gerne in feine Stoffe hüllten, und dafür mussten ihre Männer tief in ihre Geldbörsen greifen. Seinen eigenen ledernen Geldbeutel hatte er am Gürtel hängen und dort baumelte und hüpfte er auf und ab im Rhythmus des Hufgetrappels der beiden Pferde, die den Wagen zogen. Der Kaufmann war so vertieft in seine Gedanken an das viele Geld, das er verdienen wollte, dass er nicht bemerkte, wie sich die Bänder lösten, mit denen der Geldbeutel am Gürtel festgbunden war, und der prall gefüllte Lederbeutel zu Boden fiel. Dort blieb er liegen, während die Kutsche des Kaufmanns sich immer weiter entfernte.

Er blieb dort liegen, bis ein Zimmermann des Weges kam, dessen Ziel ebenfalls Frankfurt war. Dieser saß nicht auf einer Kutsche, sondern auf einem alten, klapprigen Gaul. Er hätte auch gar keine Kutsche gebraucht, denn seine wenigen Habseligkeiten und Werkzeuge hatte er in Taschen verstaut, die er links und rechts über den Rücken seines Pferdes geworfen hatte. Der Zimmermann war kein reicher Mann wie der Tuchhändler. Aber er war fleißig und redlich und wollte in Frankfurt versuchen, eine gute Arbeit auf einer der vielen Baustellen zu bekommen. In so einer großen Stadt mit so vielen Gebäuden müsste sich doch Arbeit finden lassen, dachte er sich. Er ritt so vor sich hin, schaute hierhin und dorthin, hörte den Waldvögeln beim Singen zu und freute sich am Sonnenlicht, das durch die Zweige der Buchen und Eichen schien. Seine Augen folgten einem Amselhahn, der am Wegesrand einen dicken Wurm aus dem Boden zog, und da sah er plötzlich den Geldbeutel liegen. Halb auf dem Weg, halb im Gebüsch lag er. Der Zimmermann stieg vom Pferd und hob ihn auf. Wie er das Säcklein in der Hand hielt und es wog, hörte er es darin klimpern, und er spürte, dass Münzen darin sein müssten. Nanu, dachte er sich, welch seltsame Pflanzen wachsen denn in diesem Walde? Er öffnete den Beutel und da kullerten ihm auch schon die Münzen entgegen. Er zählte das Geld und stellte fest, dass es 800 Gulden waren, die er da im Frankfurter Wald gefunden hatte. 800 Gulden! So viel hatte er noch nie in Händen gehalten. Und auch sein Bruder nicht, sein Vater nicht, nicht seine Mutter, nicht sein Großvater. Niemand, den er kannte oder jemals gekannt hatte, hatte je eine solche Summe Geldes besessen. Für einen oder zwei Augenblicke war er versucht, das Geld einzustecken und für sich zu behalten. Was hätte er damit alles anfangen können! Andererseits, wie würde es ihm ergehen, wenn er das Geld verloren hätte? „Ehrlich währt am längsten“, dachte er sich und ritt weiter Richtung Frankfurt, um einen Weg zu finden, das Geld seinem Besitzer zurückzubringen.

In der zwischenzeit war der Tuchhändler in Frankfurt vom Kutschbock gestiegen. Nach der langen Fahrt streckte und reckte er sich und klopfte sich den Staub aus den Kleidern. Da bemerkte er, dass sein Geldbeutel nicht mehr an seinem Gürtel hing. Er durchsuchte seine Kleidung, seine Reisetaschen, wühlte sich durch seine Tuch- und Stoffballen und fand: nichts. Er überlegte fieberhaft, wo ihm sein Geld abhanden gekommen sein konnte und ging in Gedanken die Strecke und alle Stationen seiner Reise noch einmal durch, aber es half alles nichts. Jetzt die Reise noch einmal in umgekehrter Richtung anzutreten, mit dem Blick fest auf den Boden gerichtet, das erschien ihm wenig aussichtsreich. Schließlich war er fast drei ganze Tage unterwegs gewesen. Das Geld lag wahrscheinlich gar nicht mehr dort, wo es ihm vom Gürtel gefallen war, sicher hatte ein Reisender den Beutel gefunden und das Geld feixend seinem eigenen Vermögen zugeschlagen. Als erfolgreicher Kaufmann ärgerte er sich freilich über jeden entgangenen Gulden, aber Geld auf solch unnötige Weise zu verlieren, ärgerte ihn besonders. Er versicherte sich, dass wenigstens sein Notgroschen noch hinter dem Schweißband seines Hutes saß, mit dem er ein paar Tage Kost und Logis würde bezahlen können. Dann schluckte er seinen Ärger hinunter und hatte schon eine Idee, wie er wieder an sein Geld gelangen könnte.

Er langte in seine Tasche, griff sich Zettel und Stift und begann zu schreiben: „Geldbeutel verloren! 100 Gulden Belohnung an den ehrlichen Finder, der mir meinen Geldbeutel wiederbringt." Und dann schrieb er seinen Namen und den Namen des Gasthauses darunter, in dem er in den nächsten Tagen wohnen würde. Diesen Zettel nagelte er an das Tor des Doms, denn er versprach sich davon, dass ihn dort eine große Anzahl Menschen sehen würde. Als der Zimmermann, dessen erster Weg nach seiner Ankunft in Frankfurt ihn zum Dom führte, wo er den Gottesdienst besuchen wollte, den Zettel erblickte, riss er ihn vom Tor, ließ sich den Weg zum Gasthaus nennen und rannte los.

Es war noch immer früher Tag. Als der Zimmermann bei der angegebenen Adresse ankam, stand er vor einem stattlichen Gasthaus. Drinnen fragte er nach dem Tuchhändler, und der Gastwirt, ein rundlicher, kleiner Mann mit einer blütenweißen Schürze über dem Bauch, wies ihm den Weg in den Gastraum, wo der Tuchhändler gerade über einem opulenten Frühstück saß und es sich wohl sein ließ. Als der Zimmermann an seinen Tisch trat, blickte er unwirsch zu ihm auf und fragte ihn nach seinem Begehr. „Mein Herr", antwortete der Zimmermann freundlich, „ich bringe Ihr Eigentum zurück." Mit diesen Worten legte er den Beutel mit den 800 Gulden auf den Tisch, zwischen Brotkorb, Konfitüre und Bratenfleisch. Da hellte sich die Miene des Tuchhändlers auf. Ohne ein weiteres Wort an den anderen zu richten, schob er das Frühstücksgeschirr beiseite, griff sich den Sack, schüttelte den Inhalt auf die Tischdecke und begann die Münzen zu zählen.

Als er den letzten Gulden gezählt hatte und sah, dass alle 800 Gulden vor ihm lagen, blickte er den Finder wieder an und warf, immer noch wortlos, fünf Gulden vor ihn auf den Tisch. Als der Zimmermann sah, dass der Tuchhändler sich nun wieder seinem Frühstück zuwenden wollte, fragte er ihn: „Soll das mein Finderlohn sein? Ist das die Art, in der hier Ehrlichkeit belohnt wird? 100 Gulden waren dem Finder versprochen und ihr wollt mich mit fünf Gulden abspeisen?" „Was erfrechst du dich, du unredlicher Kerl", blaffte da der Tuchhändler. „900 Gulden waren in meinem Beutel. 900! Und nun sind es noch 800. Deine 100 Gulden Finderlohn hast du dir also ganz offensichtlich schon genommen. Aus reiner Großzügigkeit und aus Freude darüber, dass ich mein Geld so schnell wiederbekommen habe, gebe ich dir zusätzliche fünf Gulden. Und du willst mich um noch einmal 100 Gulden angehen? Aus meinen Augen, sonst schick ich nach der Wache." Der Zimmermann stand vor dem Tisch des Kaufmanns und wusste nicht, wie ihm geschah. 900 Gulden sollen in dem Säcklein gewesen sein? Nie und nimmer! 800 waren es, er hatte die Münzen doch selbst gezählt. „Ihr könnt mich nicht mit einem Handgeld abspeisen. Ich bestehe auf dem vollen Lohn für meine Ehrlichkeit", sagte er zum Kaufmann. „Ehrlichkeit", platzte dieser heraus, „du sprichst von Ehrlichkeit und bist doch selbst der unehrlichste Betrüger. Wirt",

rief er, „wirf diesen Burschen hinaus, er ist ein Dieb und ein Betrüger und er hat Glück, dass ich ihn nicht vor den Richter schleife." Da griff der Wirt den Zimmermann mit einer Kraft, die er ihm gar nicht zugetraut hätte, am Kragen und schubste ihn auf die Straße, dass er stolperte und um ein Haar hingefallen wäre. „Pack dich", rief der Wirt. „Lass dich hier nicht wieder blicken", und er hob drohend die Hand. Der Zimmermann trollte sich. Hätte er sich noch einmal umgedreht, hätte er den Kaufmann gesehen, der grinsend hinter dem geschlossenen Fenster stand, halb hinter dem Vorhang verborgen.

So übel war ihm noch nie mitgespielt worden. Nicht nur, dass er seinen Finderlohn nicht bekommen hatte, man hatte seinen Stolz verletzt und an seiner Ehre gekratzt. Hatte der Kaufmann nicht zu ihm gesagt, er würde ihn vor den Richter schleifen? Das würde ihm so passen. Der Zimmermann würde den Spieß einfach umdrehen und selbst zum Richter gehen. Heute war Sonntag, da würde er keinen Richter erreichen. Aber gleich morgen früh würde er den Tuchhändler anzeigen, das nahm er sich fest vor.

Früh am nächsten Morgen trat er vor den Richter und klagte ihm, was der Tuchhändler ihm angetan hatte. Und er tat das ganz ruhig und zurückhaltend, er schimpfte auch nicht, sondern erzählte dem Richter einfach, was geschehen war. Das gefiel dem Richter. Er schenkte der Erzählung des Zimmermanns Glauben. Deswegen schickte er einen Diener des Gerichts aus, der den Tuchhändler zu ihm bringen sollte. Und so kam es, dass der Richter eine knappe halbe Stunde später beide, den Zimmermann und den Tuchhändler, zum Inhalt des Lederbeutels befragen konnte. Beide blieben bei ihrer Schilderung. Der Tuchhändler, der zornig war, dass man ihn so mir nichts dir nichts am frühen Morgen vor den Richter befohlen hatte, polterte drauf los und schwor, dass der Geldbeutel 900 Gulden enthalten hatte. Dann fragte der Richter den Zimmermann, ob er denn sicher sei, dass in dem Beutel 800 Gulden gewesen waren, was dieser mit „ja" beantwortete. Jeden Eid wolle er schwören, denn das sei die Wahrheit.

Dann sagte der Richter: „Ich glaube beiden von euch. Und ihr habt beide geschworen, dass ihr die Wahrheit sagt. Ihr seid redliche Menschen und ich habe keinen Grund, eure Schwüre anzuzweifeln. Der Kaufmann schwört, dass er einen Geldbeutel mit 900 Gulden verloren hat, und ich habe keinen Grund, ihm nicht zu glauben. Der Zimmermann schwört, dass in dem Geldbeutel, den er gefunden hat, 800 Gulden waren, und ich habe ebenfalls keinen Grund, seine Worte anzuzweifeln. Der Beutel, den der Kaufmann verloren hat, kann also nicht der Beutel sein, den der Zimmermann gefunden hat. So soll also der Zimmermann seinen gefundenen Geldbeutel so lange behalten, bis einer beweisen kann, dass er genau so einen Lederbeutel mit 800 Gulden verloren hat. Dies ist des hohen Gerichts Urteil, dabei soll es bleiben." Der Kaufmann, der bemerkte, dass er sich mit seinem Geiz und seiner Gier um sein gutes Geld gebracht hatte, stand mit offenem Munde da. Er wusste, dass er gegen den Spruch des Richters nichts einwenden konnte – er hatte sich mit seinen Schwüren selbst darum gebracht.

Der Zimmermann freute sich. 800 anstelle von 100 Gulden – einen solchen Einstand in Frankfurt hätte er sich nicht einmal in seinen kühnsten Träumen vorstellen können.

Der Neuner in der Wetterfahne auf dem Eschenheimer Turm

Die Sage um einen Wilddieb, der als Kunstschütze Berühmtheit erlangte und sich mit einer 9 verewigte.

Hans Winkelsee war ein fröhlicher Bursche, der unbeschwert in einer Hütte am Rand der Wälder vor Frankfurt lebte. Da er weder Frau noch Kinder hatte, trug er Verantwortung nur für sich selbst und konnte tun und lassen, was ihm in den Sinn kam. Manchmal lag er den ganzen Tag auf der faulen Haut, schaute in den Himmel und zählte die Vögel, die über ihn hinweg flogen. Eine Arbeit, die ihn jeden Tag beschäftigte, hatte Hans Winkelsee nicht. Aber er war ein geschickter Handwerker und konnte allerlei Sachen reparieren, die die Leute ihm brachten. So verdiente er sich ein wenig Geld, von dem er sich das Notwendige kaufen konnte.

Doch es gab immer wieder auch Zeiten, in denen Hans Winkelsee keinen roten Heller besaß. Wenn er kein Mehl mehr hatte, um daraus Brot zu backen, wenn die Ernte in seinem Gemüsegärtchen dürftig ausfiel, wenn kein Stück Speck mehr in der Truhe lag und auch kein Wurstzipfel, dann kniff ihn der Hunger kräftig in seinen leeren Magen und aus dem fröhlichen Hans wurde der zornige Winkelsee.

„Die hohen Frankfurter Herren legen sich die fetten Braten auf die Tische, wann immer sie mögen. Und wenn unsereins nur ein

Karnickel schießt, knüpft man uns auf", schimpfte er, wenn er am Abend in der Schenke saß. Und was er sagte, war nicht ganz falsch. Die Herren aus Frankfurt ließen sich Reh, Wildschwein, Hirsch und Hase schmecken, so oft ihnen danach war, wogegen er oder ein anderer aus dem einfachen Volk das Leben riskierten, wenn sie im Wald jagten. Denn das durfte nur der Adel, oder wer eine Erlaubnis der Stadtoberen hatte. Sonst machte er sich der Wilderei schuldig und wurde hart bestraft. Manch einer sogar mit dem Tode. Ein Wilderer durfte sich also nicht erwischen lassen. Besonders vor dem Waldaufseher musste man auf der Hut sein. Wer ihm mit einem frisch geschossenen Rehbock auf der Schulter oder einem erlegten Hasen am Gürtel über den Weg lief, dem erging es schlecht.

Nun war Hans Winkelsee niemand, der sich an Vorschriften und Verbote hielt. Viele sagten hinter vorgehaltener Hand, Hans Winkelsee sei der beste Wildschütze weit und breit.

Der Waldaufseher, ein strenger Mann mit ehernen Grundsätzen, ahnte das auch. Und er war fast sicher, dass der geheimnisvolle Wilderer, der schon so viele Hirsche und Wildschweine unerlaubt geschossen hatte, kein anderer als Hans Winkelsee sein konnte. Er hatte ihn schon lange im Verdacht und nichts wünschte er sich mehr, als ihn endlich auf frischer Tat zu ertappen. Und genau das passierte dann auch eines Tages.

Winkelsee war besonders früh aufgestanden und in den herbstlichen Wald gegangen. Er hatte den halben Tag damit verbracht, die Spur eines Keilers zu verfolgen. Und nun kauerte er hinter einem mächtigen Stamm eines Baumes und zielte mit seiner Flinte auf den Schwarzkittel. „Wenn ich dich treffe, kann der Winter ruhig kommen. Dann habe ich genug zu essen und muss nicht hungern", dachte er, als er auf das mächtige Tier anlegte.

Und als der Schuss durch die Luft krachte, fiel der Keiler tot um. Hans Winkelsee hatte mit einem Schuss direkt in sein Herz getroffen. Plötzlich, als er auf dem Heimweg war und das Wildschwein hinter sich her zog, brachen der Waldaufseher und zwei Gehilfen aus dem Unterholz und stürzten sich auf den Wildschützen. „So, Winkelsee, jetzt hab ich dich", sagte der Aufseher. Und in seinen Augen blitzte die Freude. Hans wusste, dass es keinen Sinn hatte zu fliehen. Die beiden Gehilfen würden sofort auf ihn anlegen. So fügte er sich in sein Schicksal. Sie drehten dem Winkelsee die Arme auf den Rücken und banden ihm die Hände. Dann brachten sie ihn zu ihrem Karren und fuhren mit ihm in die Stadt. Der Keiler lag neben ihm auf den Brettern, aber der würde jetzt andere satt machen.

In Frankfurt angekommen, schleifte man den gebundenen Wilderer vor die Ratsherren. Nun muss man sich diese Räte als alte Herren vorstellen, die selten lachten und in ihren feinen Roben und Hüten einen sehr würdigen und gestrengen Eindruck machten. Wenn einer wie der Wildschütz Winkelsee vor ihnen stand, sahen sie nicht seine Not. Es interessierte sie auch nicht, warum er dies oder das gemacht hatte, sie sahen einen schäbigen Wilddieb, der die Gesetze missachtet hatte und bestraft werden musste. „Winkelsee", sagte einer der Ratsherren, „hier geht es um nichts weniger als um dein Leben. Überlege, ob du es wegwerfen willst oder ob du das Unrecht nicht doch eingestehst. Vielleicht ersparen wir dir dann den Strick und sperren dich für den Rest deines unwerten Lebens in den Kerker."

Winkelsee stand mit erhobenem Kopf vor dem langen Tisch, an dem die Frankfurter Herren saßen. Ihm lag nicht daran, als Märtyrer in die Geschichte einzugehen, aber seine Wut war einfach zu groß. „Unrecht eingestehen? Ist es ein Unrecht, dass wir uns selbst helfen, damit wir nicht verhungern?", fragte er selbstbewusst. „Nicht wir Wilddiebe, wie man uns nennt, begehen das Unrecht, sondern Ihr! Wenn wir im Wald einen Hirsch, ein Wildschwein oder auch nur einen Hasen schießen, damit wir etwas zu essen haben, nennt Ihr das ein Verbrechen und bestraft es mit dem Tode. Aber die Herrschaften, die dürfen in unsere Wälder kommen und mehr schießen, als sie essen können. Das findet Ihr dann gerecht?"

Als die Ratsherren Winkelsee derart sprechen hörten, waren sie sicher, dass sie ihm die Bekanntschaft mit dem Strick oder dem Beil des Henkers nicht ersparen würden.

Der Gefangene wurde abgeführt und sollte im Eschenheimer Turm eingesperrt bleiben, bis entschieden wäre, wie man ihn hinrichten würde. Für Hans, der es gewohnt war, den lieben, langen Tag nichts zu tun, wozu er keine Lust hatte und der frei durch Wiesen und Wälder streifte, war das Eingesperrtsein ein hartes Los. Die Aussicht, am Galgen zu enden, verfinsterte seine Stimmung vollends. Als einzige Abwechslung im Einerlei der langsam verstreichenden Zeit blieben ihm die Besuche des Turmwächters, der ihm die Mahlzeiten brachte. Der Wächter war kein übler Kerl und er war dem Winkelsee wohlgesonnen. So legte er ihm zur wässrigen Suppe, die er ihm zur Mittagszeit brachte, immer noch eine ordentliche Scheibe Brot und ein Stück fetten Speck, damit er sich satt essen konnte. So brachte Hans die Tage herum, das Nichtstun einzig unterbrochen von den Besuchen des Wärters.

Winkelsee langweilte sich schrecklich. Wenn er doch wenigstens hinaus in die Welt schauen könnte! Aber das einzige Fenster, das noch dazu recht klein war, war viel zu weit oben in der Wand seiner Zelle. Als wäre all das noch nicht genug, machte die Wetterfahne, die sich nur wenige Meter über Winkelsees Zelle auf der Spitze des Turmes befand, einen solchen Radau, dass er das Schlafen bald ganz aufgab und den Morgen herbeisehnte. Jedesmal, wenn der Wind sich drehte, bewegte sich auch die Wetterfahne und gab dabei ein hässliches Quietschen, Knarzen und Scharren von sich. Die Scharniere jaulten und jammerten wie alle schwarzen Katzen der Hölle. Nacht für Nacht schrillte die blecherne Fahne durch die Stille.

Als eines Morgens, es muss der zehnte Tag seiner Gefangenschaft gewesen sein, der Turmwächter mit einem Kanten Brot und einem Krug Wasser in der Tür stand, schrie Winkelsee: „Meinetwegen hängt mich auf! Keine Nacht länger ertrage ich die Wetterfahne, die mir mit ihrem Gekreisch' die Nerven zerreißt. Kein Auge kann ich nachts schließen. So kann ich ebenso gut tot sein!" Der alte Wärter blickte ihn aus milden Augen an. Winkelsee fuhr fort: „Aber bevor ihr mich aufknüpft, gewährt mir eine letzte Bitte. Lasst mich einen Neuner in die verfluchte Fahne schießen. Mit neun Schuss aus meinem Gewehr. Für jede Nacht, in der ich nicht schlafen konnte, einen Schuss! Das soll euer Andenken an mich sein." Der Turmwächter schmunzelte. „Du hast hast ja großes Vertrauen in deine Fähigkeiten. Wenn dir das Kunststück gelingt, könnte ich mir vorstellen, dass der Rat Gnade vor Recht ergehen lässt und dich verschont." Und bevor er die Tür wieder hinter sich ins Schloss zog, wandte er sich noch einmal zu dem Gefangenen um. „Bist ein mutiger Bursche, Winkelsee", sagte er noch. Dann ließ er ihn allein. Der Alte, dem der Heißsporn Winkelsee ans Herz gewachsen war, ging vom Eschenheimer Turm direkt vor den Rat der Stadt.

Mit zahlreichen Verbeugungen trat er vor die hohen Herren und tat recht unterwürfig. Als man ihm die Erlaubnis zu sprechen erteilte, brachte er Winkelsees Bitte vor. „Wenn ihm das gelingt, mag er gehen, wohin er will. Als freier Mann", hörte der Turmwächter eine Stimme sagen. „Ja, so wollen wir es halten", sagte ein anderer. „Aber wenn er es nicht schafft, soll er gleich darauf am Hals aufgehängt werden."

Der Turmwächter wurde zu Winkelsee geschickt, damit er ihm den Beschluss des Rates mitteilte. Der solle sich bereit machen, heute noch den Neuner in die Wetterfahne des Eschenheimer Turms zu schießen. Um dann als freier Mann die Stadt zu verlassen oder zu sterben. Jeden anderen hätte eine große Aufregung befallen, aber Hans wusste ja, dass er sich auf seine Schießkünste verlassen konnte. Er legte dem Turmwächter die Hände auf die Schulter, dankte ihm und sagte, dass er das nicht vergessen werde.

Die Ratsherren indes waren sicher, dass es Winkelsee nicht gelingen würde, dem Strick zu entgehen und ließen alles für seine Hinrichtung vorbereiten. In aller Eile wurde direkt vor dem Eschenheimer Turm ein Galgen errichtet. In der ganzen Stadt wurde verkündet, dass am Abend nach dem sechsten Glockenschlag der berüchtigte Wilddieb und Aufwiegler Hans Winkelsee versuchen würde, mit neun Schuss aus seinem Jagdgewehr eine Neun in die Wetterfahne des Eschenheimer Turmes zu schießen. Wenn ihm das gelänge, dürfte er sein Gefängnis und die Stadt als freier Mann verlassen. Wenn nicht, würde er umgehend am Galgen aufgehängt.

Es schien, als sei die ganze Stadt auf den Beinen. Kinder hingen an den Rockzipfeln ihrer Mütter, die Marktleute hatten ihre Stände zugesperrt und standen nun in Gruppen beieinander und hielten ein Schwätzchen. Fischer, Metzger, Schuster, Pfandleiher, Taschendiebe und alles andere Volk war auf den Beinen.

Beim sechsten Glockenschlag wurde Winkelsee auf den Platz vor dem Turm geführt. Als er die Menschenmenge sah, die sich seinetwegen eingefunden hatte, war er doch aufgeregt und er fragte sich, ob er den Mund nicht doch etwas zu voll genommen hatte. Dann sah er den Galgen und den Scharfrichter mit seiner schwarzen Maske über dem Gesicht. Und die Fahne wirkte so klein von hier unten. Glücklicherweise hatte sich der Wind gelegt und die Fahne stand still in der Luft. Sogar der Rat der Stadt hatte sich vollständig versammelt. Einer der Herren trat auf ihn zu und sprach: „Winkelsee, wir gewähren dir deine Bitte. Wenn du es schaffst, mit neun Kugeln einen Neuner in die Wetterfahne dort oben am Turm zu schießen, verlässt du als freier Mann die Stadt. Gelingt es dir nicht, waltet der Scharfrichter seines Amtes. Sollte es dir aber gelingen, so lass dir gesagt sein, dass du Frankfurt nie wieder betreten darfst. Und wenn du doch einmal hier aufgegriffen wirst, so wirst du noch am selben Tag aufgehängt." „Das nehme ich gerne an", erwiderte Winkelsee, denn sein Verlangen, erneut Bekanntschaft mit dem Rat zu machen und am Ende am Galgen zu baumeln, konnte geringer gar nicht sein. „Aber jetzt lasst mich schießen, mich zieht's in die Wälder", sprach er.

Der Turmwächter reichte ihm das Gewehr, die Menge verstummte. Als Hans Winkelsee seine Flinte in den Händen hielt und ihr Gewicht spürte, nahm er allen Mut zusammen und wurde ganz ruhig. Er fasste sein Ziel ins Auge, hielt die Luft an und schoss. Treffer! Die erste Kugel hatte die blecherne Fahne durchschlagen, dort, wo sie es sollte. Die Menge schrie auf und hielt gleich darauf wieder den Atem an. Hans legte erneut an, zielte und schoss. Wieder ein Treffer! Auch die zweite Kugel hatte ihr Ziel nicht verfehlt. Und so ging es weiter. Nach jeder Kugel, die ihr Ziel durchschlug, johlte die Menge. Bald waren es sieben Löcher, die in der Wetterfahne prangten. Winkelsee schoss, die untergehende Sonne schien durch das achte Loch in der Fahne. Nun war es nur noch ein Schuss, den der Schütze richtig setzen musste und er war wieder ein freier Mann. „Jetzt nur nicht danebenschießen, Winkelsee", sagte er zu sich selbst. „Triff und geh als freier Mann nach Hause", sprach er und schoss. Die Menge jubelte, er hatte getroffen. In der Wetterfahne prangte eine Neun. Für jede Nacht, in der Winkelsee nicht schlafen konnte, hatte er ihr eine Kugel verpasst.

Von allen Seiten drängten nun Frankfurter auf ihn zu, einer nahm ihn auf die Schultern, um ihn herum wurden Mützen und Hüte in die Luft geworfen. Winkelsee war nun ein Held. Und dass er ein ganz außergewöhnlicher Schütze war, das war auch dem Rat nicht entgangen. Einen wie ihn, der so gut mit der Waffe umgehen konnte, den könnten sie gut gebrauchen. Und so boten sie ihm an, als Hauptmann der Schützen in der Stadt zu bleiben und künftig als ehrbarer Bürger zu leben. Da lachte Winkelsee laut und sagte: „Habt Dank, edle Herren. Aber meine Antwort ist nein. Ich bleibe nicht hier. Meine Heimat ist der Wald und dorthin werde ich auch wieder gehen. Ich habe Eure Gastfreundschaft schon zu lange in Anspruch genommen. Auf Nimmerwiedersehen!"

Damit verließ er als freier Mann unter dem Jubel der Frankfurter Leute die Stadt. Und tatschlich: Er wurde nie wieder dort gesehen. Von Zeit zu Zeit allerdings fand der alte Turmwächter früh am Morgen, wenn er zur Arbeit ging, einen geschossenen Hasen oder ein Rebhuhn auf der Schwelle. Das ließ er sich dann am Abend schmecken. Natürlich konnte er sich denken, wer ihn da so freundlich bedacht hatte. Aber er hatte ein großes Herz und erzählte niemandem davon.

Der Schinder von Bergen

Wie das Geschlecht der Ritter von Bergen auf einem rauschenden Fest begründet wurde.

Als Kaiser Barbarossa nach langer Abwesenheit wieder einmal in Frankfurt weilte, wollte er seiner Frau, der Kaiserin Beatrix von Burgund, ein rauschendes Fest bereiten. Ein Maskenball mit Musik und Tanz, ausgelassene Fröhlichkeit überall am Hofe, ein Fest über drei volle Tage und Nächte – Barbarossa wollte seine Gemahlin beeindrucken und ihr ein Fest bieten, wie sie noch keines erlebt hatte.

Die edlen Familien der Stadt wurden eingeladen, überall am Hofe wurden bunte Dekorationen angebracht, die Tische wurden mit Bändern und Blumen geschmückt und die Musiker übten die Stücke, die sie zum Tanz spielen wollten. Das beste Geschirr wurde herausgeholt, die Teppiche wurden ausgeklopft und die kaiserlichen Katzen hatten den Auftrag, alle Mäuse im Schloss zu fangen. Alles sollte ganz besonders schön sein. An nichts sollte es fehlen.

Und damit die vielen Gäste, die alle sehr vornehm und ausgesprochen verwöhnt waren, auch bloß keinen Grund zum Mäkeln finden konnten, suchte Barbarossa nach den besten Köchen im Lande und ließ sie in der riesigen Hofküche das herrlichste Essen vorbereiten. Dafür wurden Ochsen geschlachtet, Rebhühner gerupft, Fische grilliert, Ferkel geschmort, Würste gedreht, Schinken geräuchert, Kräuter gezupft, Saucen gerührt, Klöße gerollt, süße Kuchen gebacken und Cremes geschlagen, wie selten zuvor in der Küche des kaiserlichen Hofes. Dem Kaiser und seiner Frau, genauso wie dem ganzen Hofstaat, wurden neue, prächtige Kleider angemessen. Dafür mussten alle einen Termin mit dem Hofschneider vereinbaren, was auch seine Zeit dauerte. Die Vorbereitungen für das Fest waren erheblich, aber die Vorfreude darauf war um so größer.

Als dann der große Festtag endlich da war, summte der ganze Hof vor Aufregung. Die Säle waren geschmückt, die Tische waren gedeckt, die Feuer in den Kaminen wurden geschürt, in der Küche dampften die Kessel, die Diener und Lakaien übten das Auftragen der Schüsseln, Platten, Schalen und Karaffen, und die Musiker hatten Generalprobe. Wer noch irgendeine Vorbereitung für das große Fest zu erledigen hatte, der beeilte sich damit. Schließlich sollte alles rechtzeitig fertig sein.

Und natürlich war die Aufregung nicht nur im Schloss selbst groß, auch in den Gassen und auf den Plätzen der Stadt spürte man die besondere Atmosphäre. Denn ein solches Fest am Hofe des Kaisers war auch für die ganz normalen Frankfurter etwas ganz Außergewöhnliches und Besonderes. So waren die Straßen denn voll mit Gauklern, Musikern, Spielleuten, fahrenden Händlern und sonstigem Volk.

Das einfache Volk wurde natürlich nicht eingeladen, aber der Kaiser ließ trotzdem alle an seinem Fest teilhaben. Er hatte befohlen, dass überall in den Straßen Schweine gebraten und Bier ausgeschenkt werden solle. Rund um den kaiserlichen Hof hatten sich Scharen von Schaulustigen eingefunden, alle wollten einen Blick auf die feinen Herrschaften und ihre eleganten Kleider werfen, vor allem auf den Kaiser und seine wunderschöne Frau. Unter den bestaunten Gästen waren die Edlen der Stadt Frankfurt und viel anderer Adel, der von weither angereist war, um an dem Ball teilzunehmen. Die Frankfurter sahen noble Herren, elegante Damen mit feierlichen Gewändern und funkelndem Geschmeide und kampferprobte Ritter, denen man ihren Heldenmut sogar im festlichen Rock ansehen konnte. Und weil Barbarossa ja zu einem Maskenball eingeladen hatte, trugen alle Gäste eine Maske, sodass man nur raten konnte, wer sich dahinter wohl verbarg. Als alle Gäste angekommen waren, schloss sich das große Eingangstor und die feinen Herrschaften waren unter sich.

Das Fest am Hofe war bald in vollem Gange, der Tanz hatte begonnen, die Paare wiegten und drehten sich im Takt der Musik. Kaiser Rotbart, der an höfischen Tänzen keinen Gefallen fand und der dieses Vergnügen auch mit seiner kaiserlichen Würde nicht in Einklang bringen mochte, hatte eine Schar Herzöge und Ritter um sich versammelt und war mit ihnen ins Gespräch über die wichtigen Dinge vertieft, während seine Frau, die schöne Beatrix, unter den eifrigsten Tänzern war. Sie ließ nur wenige Tänze aus und gab jedem Edelmann die Ehre, der sie um einen Tanz bat.

Unter den Tänzern, die mit der Kaiserin tanzten, war einer, der den Gästen im Ballsaal bereits aufgefallen war. Nicht durch seine Kleidung, die war nicht festlicher als die eines anderen Gastes, aber durch die Anmut seiner Bewegungen beim Tanz und durch seine große Eleganz stach er aus der Menge heraus. Deswegen war er auch der Kaiserin aufgefallen und sie empfand den Tanz mit ihm als willkommene Abwechslung, denn unter ihren vielen edlen Gästen waren nicht wenige, deren Tanzversuche eher steifbeinig und ungelenk ausfielen. Kein Wunder also, dass der Tänzer Aufmerksamkeit erregte. Aber wer war er? Zu welcher der adeligen Familien gehörte er? Warum war er auf früheren Bällen nie aufgefallen? Niemand konnte den eleganten Tänzer einer der Familien zuordnen, die Väter nicht, die Mütter nicht, der Schultheiß der Stadt Frankfurt auch nicht. Ratloses Schulterzucken allenthalben.

Die Zeit verflog und der Maskenball war genau so schön und die Stimmung genauso festlich, wie der Kaiser es sich gewünscht hatte. Dann kam die Mitternacht. Die Glocken schlugen zwölfmal. Wer häufig auf Maskenbällen war, wusste, dass der Glockenschlag das Zeichen zum Ablegen der Masken war. Und als der unbekannte Tänzer bemerkte, dass die Gäste um ihn herum die Masken abnahmen, erschrak er und versuchte, unerkannt und unbemerkt aus dem Saal zu schlüpfen und sich davonzuschleichen. Aber das wusste der Schultheiß zu verhindern. Der hatte den Unbekannten seit dessen Tanz mit der Kaiserin genau im Auge behalten und packte ihn nun gerade noch an einem Zipfel seines Hemdes. Mit gespielter Liebenswürdigkeit sagte er zu ihm: „Edler Herr! Erweist uns die Ehre, euren Namen zu erfahren. Lasst uns nicht im Ungewissen über Namen und Herkunft des besten Tänzers dieses Abends." Und ganz sanft, aber mit Bestimmtheit, zog er ihn vor den Kaiser, der ebenso begierig war, dem Tänzer ins Gesicht zu blicken. Dem wurde es heiß unter der Maske. Der Kreis der Neugierigen wurde immer größer. Der Kaiser wollte gerade den Tänzer demaskieren, als dieser sagte: „Majestät, ich bitte um die Gunst, unerkannt meines Weges ziehen zu dürfen. Lasst mich gehen und lasst meine Herkunft im Dunkeln." Aber davon wollte der Kaiser natürlich nichts wissen. Also zog er die Maske vom Gesicht des Tänzers. Erst ging ein Raunen durch die Menge, dann war es einen Moment mucksmäuschenstill. Plötzlich rief einer: „Das ist doch der Schinder von Bergen!"

Entsetzte Ausrufe erklangen unter den Gästen. Das war kein Wunder, denn der Henker wurde früher auch „Schinder" genannt. Und ein Henker auf einem Ball zu Ehren der Kaiserin? Das durfte nicht sein! Der Henker galt als unehrenhaft und unehrlich.

Genauso wie zum Beispiel das fahrende Volk, hatte der Henker keine Bürgerrechte. Er lebte am Rand der Gesellschaft und wurde von jedermann gemieden. Und das Schlimmste war: Weil der Henker ein Ehrloser war, durfte er niemanden berühren, der als ehrbar und ehrenhaft galt. Wer sich von einem Unehrenhaften berühren ließ, der wurde selbst auch unehrenhaft.

Als Kaiserin Beatrix realisierte, mit wem sie getanzt hatte, wurde ihr Gesicht blass. Auch der Kaiser schaute den Schinder entsetzt an. Der Schultheiß fand als erster die Sprache wieder und schimpfte: „Du Ehrloser! Mit deinem Frevel hast du die Ehre der Kaiserin und aller edlen Damen, mit denen du getanzt hast, beschmutzt. Du weißt, dass du dafür den Tod verdient hast.“ Und er rief die Wachen herbei: „Packt den Elenden und führt ihn fort!“ Der Kaiser aber wollte den armen Mann, der zuvor für soviel Freude und Bewunderung auf dem Maskenball gesorgt hatte, nicht einfach so dem Henker und seinem Beil übergeben: „Haltet ein, Wachen. Lasst den Mann erklären, was ihn hierher geführt hat. Sprich“, sagte er zum Schinder gewandt. Dieser sprach mit zitternder Stimme: „Ich wollte bestimmt niemandes Ehre beschmutzen. Aber das Tanzen ist meine große Liebe. Ich würde alles dafür geben, wenn es denn sein muss, sogar mein Leben. Ich wollte niemandem Böses antun, schon gar nicht unserer Kaiserin. Aber als ich vom Maskenball am Hofe erfahren habe, konnte ich nicht widerstehen. Es tut mir sehr leid.“ Nach diesen Worten kniete er vor seinem Kaiser und erwartete dessen Urteil.

Der Kaiser wusste, dass seine Frau durch die Berührung des Schinders unehrenhaft geworden war. Und das würde sie auch bleiben, selbst wenn der Schinder hingerichtet würde. Er musste sich also etwas anderes ausdenken, wenn er die Ehre seiner Frau wiederherstellen wollte. Er dachte nach, dann zog er sein Schwert und hielt es mit ernstem Gesicht über den knienden Schinder. Dann sprach er: „Schinder von Bergen. Durch dein ruchloses Eindringen auf diesen Maskenball hast du die Ehre und das Ansehen unserer wohlgeborenen Gäste besudelt. Du weißt, dass du dafür den Tod durch das Henkersschwert verdient hast. Aber davon bekäme keiner meiner Gäste seine Ehre wieder zurück. Und du hattest nichts Böses im Sinn, das glaube ich dir." Und der Kaiser hob sein mächtiges Schwert und schlug den Schinder von Bergen damit zum Ritter. „Aber weil du dich eines groben Vergehens schuldig gemacht hast, musst du auch eine Strafe erhalten", sagte er. „Deine Strafe soll sein, dass du in Erinnerung an deinen Frevel deinen Namen weiterführen sollst. So ist denn dein Name fürderhin Ritter Schinder von Bergen. Erhebe dich, Ritter."

Nach diesem klugen Urteil des Kaisers fand die Gesellschaft allmählich wieder zurück in die ausgelassene Stimmung und tanzte und feierte nicht nur die ganze Nacht hindurch bis zum Hahnenschrei, sondern auch noch in den nächsten beiden Nächten – allerdings ohne Masken. Und so begründete sich das Geschlecht der Ritter von Bergen an dem Abend, als Barbarossa in Frankfurt einen rauschenden Maskenball feierte.

Der Gehilfe des Försters

Der Schwanheimer Stadtwald, ein Förster in Not und der heilige Martin.

Im Schwanheimer Wald arbeitete vor langer Zeit einmal ein Förster, der war so faul, dass er den lieben Tag nichts anderes tat als sich auszuruhen. Er kümmerte sich um gar nichts, überließ den Wald sich selbst – was dem Wald selbst und den Tieren darin sehr gut gefiel, den Frankfurter Oberen aber gar nicht. So jagten die Frankfurter den faulen Förster eines Tages davon und suchten sich einen neuen.

Sein Nachfolger, ein erfahrener, kraftvoller Kerl, der keine Scheu vor der Arbeit hatte, erschien den Frankfurtern als genau der richtige Mann. Das Problem war nur, dass er keine Gehilfen hatte. Die alten Gehilfen hatten im Lauf der Zeit alle Reißaus genommen, weil der alte Förster nicht nur ein fauler Strick, sondern auch ein Trunkenbold war. Und wenn er zu viel vom heimlich selbstgebrannten Schnaps getrunken hatte, was häufig der Fall war, dann war mit ihm schlecht Kirschen essen. Dann hatte er seine ganze, große Wut an seinen Gehilfen ausgelassen und sie oftmals grün und blau geschlagen. So war denn am Ende auch der tapferste Waldarbeiter geflohen – und jetzt hatte keiner von ihnen Lust, wieder in den Dienst einzutreten. Der Förster suchte also vergeblich nach neuen Helfern. Die etwas konnten, wollten nicht und die anderen wollte er nicht. Fand er doch einmal einen, der den Eindruck erweckte, er könne ordentlich zupacken, und ließ ihn dann die harte Arbeit im Wald schmecken, so erschien der am nächsten Morgen gewiss nicht noch einmal. Und einige schickte er auch wieder fort, wenn sie zu dürr oder nicht stark genug waren. Der Förster musste also alles selbst machen und wusste nicht, wo anfangen mit der vielen Arbeit. Allein würde er bis in alle Ewigkeit brauchen, um diesen Urwald in einen gepflegten Forst zu verwandeln. Er schonte sich nicht und plagte sich an jedem Tag, den Gott werden ließ. Aber weil er niemanden hatte, der ihm half, wuchs ihm die Arbeit bald über den Kopf. Als dann noch die Oberen der Stadt ihn zu sich riefen, weil ihnen die Aufräumarbeiten im Wald viel zu langsam vor sich gingen, ärgerte sich der Förster sehr. Denn die Herren sagten ihm, er müsse einfach noch mehr arbeiten und dürfe nicht jeden Gehilfen, der ihm nicht gefalle, wieder wegschicken. Alle Erklärungen und Beteuerungen halfen nichts – man setzte ihm eine Frist, den Wald in Ordnung zu bringen, sonst würde man sich nach einem neuen Förster umsehen.

Als der Förster dann am Abend sah, dass er trotz großer Anstrengung wieder kaum etwas geschafft hatte, packte ihn die große Wut, und er schimpfte sich seinen Zorn von der Seele. Er schimpfte über den elenden alten Förster, der ihm diese Suppe eingebrockt hatte, er schimpfte auf die Frankfurter Herren, die so hartherzig gegen ihn gewesen waren, und schimpfte auf jedes Gestrüpp, jeden geknickten Ast und jede Pfütze auf den Waldwegen. Seine Schimpftirade gipfelte in dem wütenden Ausruf: „So soll doch der Teufel diesen Wald aufräumen!“

Da tat es einen lauten Schlag und ein Blitz krachte durch die Luft. Dann hörte der Förster eine schmeichelnde, weiche Stimme hinter sich: „Sehr gern, wenn du bereit bist, meinen Preis zu zahlen.“ Der Förster erschreckte sich, drehte sich herum und blickte in das feingeschnittene Gesicht eines Mannes, etwa so groß wie er selbst, in ein elegantes Förstergewand gekleidet, mit einem grünen Hut schief auf dem Kopf. „Sie haben mich erschreckt, mein Herr“,

Tag", fragte er mit spöttischem Grinsen, denn er hatte bereits bemerkt, dass dem Förster die Ideen langsam ausgingen und er nicht mehr wusste, welche Aufgaben er seinem Gehilfen noch stellen sollte. Doch der Förster antwortete mit großer Selbstverständlichkeit und zeigte nicht, wie aufgeregt er war: „Sieh dort die feuchten Sandhügel am Ufer. Geh' hin, hole sie her, stelle sie einzeln aufrecht in den Kirchhof und lasse sie trocknen. Wir werden damit morgen zu Ehren des heiligen Martin ein Feuer entfachen und darüber Brot für die Kinder rösten."

Da schrie der Teufel voller Wut: „Ist das der Dank? So brichst du unseren Pakt? Selbst der Teufel kann so eine Arbeit nicht leisten, das weißt du!" Aber er konnte nichts ändern, Abmachung war Abmachung. So schrie der Teufel laut auf, trat ein großes Loch in den Erdboden und war im nächsten Augenblick darin verschwunden. Das Loch schloss sich wieder, und der Förster blickte ganz benommen auf die Stelle, wo der Teufel verschwunden war. Dann ging er noch einmal in die Kirche, dankte dem heiligen Martin und versprach ihm, künftig ein gottgefälliges Leben zu führen. Denn eines wusste er: Würde er dem Leibhaftigen noch einmal begegnen, würde es ihm schlecht ergehen.

Die Bockreiter von Niederrad

„Zum Teufel mit den Böcken, jetzt und auf der Stelle!"

Es ist noch gar nicht so lange her, da gab es in Frankfurt zwei Forstgehilfen. Das waren gut abgehangene, wettergegerbte Kerle, denen keine Arbeit zu schwer, kein Scherz zu deftig und kein Bierkrug groß genug sein konnte. Diese beiden kamen eines Tages von Niederrad in die Stadt, um ihren Lohn für den letzten Monat zu holen, für jeden ein prall gefülltes Säcklein voll klingender Münzen. Nachdem sie ihren Waldarbeiterlohn entgegengenommen hatten und sahen, dass die Sonne noch hell am Himmel stand, zwinkerten sie sich zu und verabredeten, noch einen Schlenker in die Schänke zu machen um die Münzsäcklein ein bisschen zu erleichtern, damit sie nicht so schwer daran zu tragen hätten.

So saßen sie einige Zeit in der Schankstube, vor immer wieder gut gefüllten Bierkrügen. Sie tafelten und zechten, trieben manchen derben Scherz mit den anderen Gästen und den Wirtsleuten, die das demütig ertrugen. Als dann die dunkle Nacht hereinbrach, rieben sich die beiden Kerle die müden Gesichter, wischten sich den Bierschaum aus den Bärten, streckten die Knochen und wankten, nachdem sie dem Wirt einen hübschen Batzen Geld auf den Tisch gelegt hatten, zur Tür hinaus.

In der Zeit, in der die beiden in der Wirtschaft gesessen hatten, hatte es ein kräftiges Gewitter gegeben. Die Straßen waren nass, von den Dächern fielen die letzten Regentropfen. Die Zechbrüder freuten sich, dass sie während des Unwetters im Warmen und Trockenen gesessen hatten und stapften nun gut gelaunt Richtung Stadttor, um von dort über die Felder und durch den Wald zurück nach Niederrad zu laufen.

Jenseits des Tores außerhalb der Stadt, wo die Wege nicht mehr gepflastert waren, hatte der Regen den Boden aufgeweicht. Der Feldweg war matschig. Sie liefen durch Pfützen, glitschten durch den knöchelhohen Schlamm und verloren sehr bald die Lust, den langen, morastigen Weg bis nach Hause zu Fuß zurückzulegen. Missmutig sagte der eine zum anderen: „Mir reicht's! Ich kann keinen Schritt tun, ohne dass ich das Rutschen anfange. So brauchen wir ja bis morgen früh, um zu Hause anzukommen." „Ja, verflixt", pflichtete der andere ihm bei, „ich wollte, wir könnten reiten." Das war für den ersten der beiden genau das richtige Stichwort. Er erinnerte sich an alte Geschichten, die die Alten früher erzählt hatten, in denen es um schwarze Ziegenböcke ging, die aus der Hölle herbeigerufen worden waren, damit man auf ihnen reiten konnte, wenn einem der Weg zu lang war. Bierselig wie er gerade war, rief der tollkühne Forstarbeiter sogleich nach den teuflischen Ziegenböcken. Er machte sich einen Spaß daraus und dachte nicht im Entferntesten daran, dass seine Rufe tatsächlich bis zum Teufel vordringen würden. Der saß derweil unten in der Hölle, hörte den Forstgehilfen sehr gut und dachte sich: „Wart' nur, Bürschlein, dir werd' ich dein Mütchen kühlen." Und er kommandierte seine zwei wildesten und größten Ziegenböcke nach oben.

Als diese von einer Sekunde auf die andere vor den Zechbrüdern erschienen, rissen die die Augen auf und die Münder standen ihnen offen. Mit allem hatten sie gerechnet. Aber, dass der Teufel ihren Spaß tatsächlich ernst nehmen würde, das hätten sie nicht erwartet. Jetzt standen sie da wie vom Donner gerührt. Vor ihnen

standen schnaubend zwei pechschwarze Böcke mit stechendem Blick und mächtigen Hörnern – direkt aus den Tiefen der Hölle. Einer der Burschen sagte noch „Gott steh uns bei“, aber dann überwog doch seine Abenteuerlust. Sie warfen sich einen kurzen Blick zu, um sich der Entschlossenheit des anderen zu versichern. Dann rieben sie sich die Hände und gingen auf die Tiere zu. Mit einem Schwung setzten sie sich auf die kräftigen Tiere – und kaum saßen sie, sprangen diese auch schon los und rannten im wilden Galopp den Weg entlang, immer tiefer in den Wald hinein.

Die beiden Burschen hatten größte Mühe, nicht von ihren Reittieren herunterzufallen und hielten sich mit aller Kraft an deren Hörnern fest. Bald sahen sie die ersten schwachen Lichter des Dorfes Niederrad durch die Bäume schimmern. Und bei allem Übermut, der sich der beiden bemächtigt hatte, besannen sie sich darauf, dass es keine gute Idee wäre, von den Dorfbewohnern auf den Tieren, die sie aus des Teufels Stall gerufen hatten, gesehen zu werden. Im günstigsten Fall würde man sie mit Schimpf und Schande aus dem Dorf jagen, und bei ihrem Förster brauchten sie sich auch nie wieder blicken zu lassen. Also schrie der eine: „Zum Teufel mit den Böcken, jetzt und auf der Stelle!“ Und sofort war der Teufelsspuk verflogen, die Forstgehilfen saßen mit ihren Hosen im Schlamm. „Zu guter Letzt sind wir zwar doch noch im Dreck gelandet, aber wenigstens mussten wir den weiten Weg nicht laufen“, sagte der eine zum anderen. Doch dann wandte er den Kopf nach hinten und stieß einen überraschten Schrei aus. „Potz Donner und Blitz!“, schrie er auf, „das gibt es doch nicht!“ Denn als er sich umgeblickt hatte, sah er, dass das Frankfurter Stadttor nur wenige Meter entfernt war. Sie saßen an genau der Stelle des Weges, an der ihnen die beiden unheimlichen Ziegenböcke erschienen waren, nämlich wieder vor der Stadtmauer, am Beginn ihres Weges. Außer einem nassen Hintern hatte ihnen die Teufeliade also rein gar nichts gebracht. Aber wenigstens auch nichts Schlimmeres; ihre Seele hatten sie behalten dürfen. Jedenfalls mussten sie jetzt den ganzen Heimweg doch zu Fuß zurücklegen. Und als wäre das noch nicht genug der Strafe dafür, den Teufel anzurufen, öffnete der Himmel seine Schleusen und ließ noch einen heftigen Regenguss auf die Erde niedergehen, der die beiden „Teufelsanbeter" nass machte bis auf die Knochen.

Die Kronberger Schlacht

„Also schlug der kleine Hauff den großen Hauff nieder. Das war nicht Wunder, denn der große Hauffe flohe und der kleine stritte. O Frankfurt! Frankfurt! Gedenke dieser Schlacht!"
(aus der Limburger Chronik von A. Wyss, 1883, S. 80)

Die Kronberger Burg war vor vielen Jahrhunderten Wohnsitz gefürchteter Raubritter. Diese Raubritter trieben ihr Unwesen in den Taunuswäldern und an den wichtigen Handelswegen nach Frankfurt. Sie raubten die fahrenden Händler und die Kaufleute aus, die zur Messe reisten, und füllten mit dem, was sie ihnen raubten, ihre Schatzkammer. Das ärgerte die Frankfurter natürlich, und so beschlossen sie, die Raubritter anzugreifen und ihnen die Beute aus den vielen Raubzügen wieder abzunehmen. Also zogen die Frankfurter nach Kronberg. Es waren gut zweitausend Mann, Ritter und Edle zumeist, aber auch die Handwerkszünfte und Bauern hatten sich dem Heer angeschlossen, die da zu Fuß oder zu Pferd den Weg in den Taunus antraten. Denn die Wut auf die räuberischen Kronberger war groß, und alle wollten helfen, ihre Raubzüge zu beenden. Da man einige Stunden benötigt um den Weg von Frankfurt nach Kronberg zu Fuß zurückzulegen, und weil die Frankfurter in der Morgendämmerung an der Raubritterburg ankommen wollten, mussten sie schon zu nachtschlafener Zeit aufbrechen. Sie zogen aus der Stadt, über Wiesen, Felder und durch Wälder und sangen aus vollem Halse Schlachtenlieder.

Das taten sie, weil sie nicht wieder müde werden wollten. Außerdem wollten sie damit ihren Mut stärken. Die Stimmung unter den Frankfurtern wurde immer ausgelassener und sie freuten sich auf die Schlacht. Es gab unter ihnen niemanden, der nicht seinem Nebenmann genau ausmalte, was er mit den Elenden von der Kronberger Burg anstellen würde, wenn er sie nur erst einmal in die Finger bekäme. Erst als die Frankfurter eine Stunde von der Kronberger Raubritterburg entfernt waren, stellten sie das Singen ein und versuchten, möglichst leise vorwärts zu kommen. Das war für ein Heer von zweitausend Mann natürlich gar nicht so einfach – trotzdem schafften sie es unbemerkt bis vor die Kronberger Burg. Sie sammelten sich dort auf einem freien Feld vor der Burg.

Die Sonne stand gerade eine Handbreit über den Bäumen der Taunushügel, als die Frankfurter Heerführer die Kronberger riefen, sie sollen die Beute aus ihren Raubzügen herausgeben, sonst würde das Heer die Burg stürmen und die Beute holen. Eine Weile hörten die Frankfurter gar nichts. Nur die Raben krächzten in der nebligen Morgenluft. Doch dann wurde die Zugbrücke heruntergelassen und die Kronberger ritten aus der Burg. Sie waren zwar noch ein bisschen verschlafen, wollten aber offensichtlich die Herausforderung zum Kampf annehmen. Die Frankfurter konnten nun, da alle Kronberger sich aufgestellt hatten, sehen, dass auf dem Feld weit mehr Frankfurter als Kronberger Kämpfer standen. Zweitausend Frankfurter gegen eine höchstens halb so große Truppe von Kronberger Raubrittern – das sollte doch zu machen sein, da waren sich die Frankfurter sicher.

Die Kronberger kämpften wacker, sie warfen sich mutig ins Schlachtengetümmel, aber es war aussichtslos. Die Frankfurter hatten leichtes Spiel mit den Kronbergern und hatten sie schnell besiegt. Viele wurden im Kampf erschlagen, noch mehr gerieten in Frankfurter Gefangenschaft. Als die Frankfurter die Schlacht gewonnen hatten, stürmten sie die Burg und plünderten die

Schatzkammer. Dann lagerten sie vor der Burg und feierten den Sieg, anstatt zügig den Rückweg nach Frankfurt anzutreten, um ihre Verwundeten in Ruhe und sicherer Umgebung zu versorgen und die gefangenen Raubritter einzusperren. Aber noch während die Raubritter sich zur Schlacht gesammelt hatten, waren – von den Frankfurtern unbemerkt – Boten zu Ruprecht dem Zweiten, der der Kurfürst der Pfalz war, und zu Ulrich dem Fünften, Graf von Hanau, geschickt worden. Diese beiden waren Verbündete der Kronberger Ritter und sollten ihnen im Kampf gegen die aus der Freien Reichsstadt helfen. Die Kronberger Gesandten spornten ihre Pferde mit Tritten in die Flanken zu rasendem Galopp an und so waren sie geschwind am Ziel. Sie berichteten dort, was geschehen war, und sowohl Ulrich als auch Ruprecht zögerten keine Minute. Sie ließen ihre Heere zur Schlacht sammeln und brachen in aller Eile auf. Da sie beritten waren, kamen sie wesentlich schneller voran als die Frankfurter, die in der Mehrheit auf Schusters Rappen reisten.

Die Frankfurter ahnten noch nichts von der Gefahr, lagerten immer noch faul und siegestrunken am Rande des Schlachtfeldes und dachten nur sehr wenig an den Rückweg in die sichere Stadt. Das änderte sich schlagartig, als Gerüchte über die sich nahenden Verbündeten der Raubritter die Runde machten.

Mit einem Mal waren die Frankfurter in Aufbruchstimmung und konnten den Heimweg gar nicht schnell genug antreten! Wer ein Pferd hatte, schwang sich in den Sattel, die anderen beeilten sich zu Fuß – nur schnell und weit weg von der Kronberger Burg. Denn für eine zweite Schlacht am gleichen Tag, gegen die Heere der Pfälzer und Hanauer, hatte kein Frankfurter mehr ausreichend Kraft. Hätten sie doch rechtzeitig den Heimweg angetreten, dachte so manch Frankfurter und sehnte sich hinter die Mauern seiner Stadt. Sie hatten noch nicht das zwischen Kronberg und Frankfurt gelegene

Dorf Eschborn erreicht, da schrie einer der Fliehenden laut: „Die Kronberger kommen!"

Und tatsächlich: Die Verfolger waren zwar noch ein gutes Stück entfernt, aber die Frankfurter konnten schon sehen, dass es sehr viele waren, viel mehr als noch vor einigen Stunden, denn nun hatten die Kronberger ja auch ihre Verbündeten bei sich. Aber wenn es sein sollte, würden die Frankfurter ihnen auch noch einmal zeigen, wie man eine Schlacht gewinnt. Sie fassten sich also ein Herz, sammelten sich und erwarteten ihre Feinde. Die Frankfurter waren nun deutlich in der Unterzahl und würden für einen Sieg ordentlich zulangen müssen. Die Kronberger nahmen sich nicht die Zeit, sich erst zu sammeln. Sie rannten gleich mit Gebrüll auf die Frankfurter los und hieben auf sie ein. Die Frankfurter hatten so gut wie kaum eine Chance. Sie hatten der Wut der Angreifer kaum etwas entgegenzusetzen. Und als es dann noch den gefangenen Kronbergern gelang, sich zu befreien, zu bewaffnen und die Frankfurter anzugreifen, hatten diese die Schlacht so gut wie verloren. Viele von ihnen ließen auf dem Schlachtfeld bei Eschborn ihr Leben, noch mehr gerieten in Gefangenschaft. Wer jetzt noch unverletzt und nicht in Gefangenschaft war, der nahm die Beine in die Hand und machte, dass er mit dem Leben davon kam. Die Frankfurter flohen vom Kampfplatz – und mussten viele zurücklassen, die Toten und die Gefangenen. Die Kronberger ließen sie gehen. Sie standen auf dem Kampfplatz und riefen den gehassten Reichsstädtern hinterher: „O Frankfurt! Frankfurt! Gedenke dieser Schlacht!" Und wirklich, die Frankfurter würden noch sehr lang an diese Schlacht bei Eschborn denken.

Erst als sie wieder in ihrer Stadt angekommen waren, konnten sie zählen, wie viele fehlten. Sie mussten feststellen, dass mehr als sechshundert Mann nicht mehr zurückgekommen waren. Noch

EINTRACHT
RANKFURT

wussten sie nicht, wer im Kampf getötet worden und wer gefangengenommen war – dazu mussten sie noch einmal zurück und die Toten zählen und beerdigen. Viele waren im Kampf erschlagen worden, hunderte waren in Kronberger Gefangenschaft geraten. Nachdem die Toten begraben waren, trafen sich die Gesandten beider Seiten und verhandelten darüber, wie die Gefangenen wieder zurück nach Frankfurt gelangen sollten.

Das war ausgesprochen dringlich, denn nicht nur, dass die Ehefrauen ihre Männer und die Kinder ihre Väter wieder zurückhaben wollten. Der Stadt fehlten so gut wie alle wichtigen Handwerker, zudem die Bäcker und Metzger, die mit in die Schlacht gezogen waren, um den Soldaten im Kampf zu helfen. Wer sollte nun die Frankfurter mit frischem Brot, Kuchen, mit Schlachtfleisch, Schinken und Würsten versorgen? Die Herren im Frankfurter Römer befürchteten eine Hungersnot in Frankfurt. Ihren Unterhändlern blieb deswegen auch nichts anderes übrig, als die Forderung der Kronberger zu akzeptieren und dreiundsiebzigtausend Gulden für die Freilassung der Gefangenen an sie zu bezahlen. Eine unvorstellbar hohe Summe für die damalige Zeit und weit mehr, als die Frankfurter aus der Schatzkammer der Raubritter genommen hatten.

Der Königsborn im Frankfurter Stadtwald

Ein Ort des Zaubers, an dem die guten Geister aus der alten Zeit den Menschen helfen, wenn sie sich mal verrannt und verirrt haben und falschen Ratgebern mehr glauben als ihrem Herzen.

Ludwig III. hatte einen schlimmen Verdacht. Seine Ehefrau Luitgard, so hatte es ihm einer seiner Vertrauten zugetragen, schüre die Unzufriedenheit der Sachsen. Sie wolle sie zum Aufstand anstacheln und ihre Wut auf die Franken so hochtreiben, dass sie erneut in den Krieg ziehen würden. Sie sollten die Franken besiegen und Luitgards Bruder, ein Sächsischer Herzog, solle nach ihrem Plan der neue Herrscher im Reich sein. Ludwig liebte seine Frau, er konnte sich nicht vorstellen, dass sie ihn derart hintergehen könnte. Andererseits schätzte er seinen Vertrauten als zuverlässigen und treuen Ratgeber. Warum sollte dieser ihm nicht die Wahrheit sagen? Auch wenn Ludwig sich eigentlich nicht vorstellen konnte, dass Luitgard ihn tatsächlich um ihres Bruders Willen um die Krone – und vielleicht um das Leben! – bringen wollte, die Saat des Zweifels war doch gesät.

Und als sie sich dann eines Tages, nach dem gemeinsamen Mittagessen mit seiner Gattin ein zweiter Ratgeber zu Ludwig beugte und ihm zuflüsterte, er habe von vertrauenswürdigen Männern erfahren, dass Luitgard mit ihrem Bruder gemeinsame Sache gegen ihn zu machen plane, war Ludwig davon überzeugt, dass an der Sache etwas dran sein müsse. Ohne Luitgard zu diesen schlimmen Vorwürfen zu befragen und zu hören, was sie darauf zu erwidern hätte, ließ er sie in ein Kloster sperren, wo sie mit niemandem reden durfte und leben musste wie eine Gefangene.

Ludwig dachte nicht darüber nach, ob er richtig gehandelt hatte oder ob es voreilig gewesen war, Luitgard einfach einzusperren, ohne ihre Erwiderung auf die Anschuldigungen anzuhören. Innerhalb der Mauern des Klosters durfte sie sich frei bewegen, aber verlassen durfte sie es nicht. Und Besuch durfte sie auch keinen empfangen. Ludwig war sicher, dass er die Intrige beendet hatte.

Die zeit verging. Eines Tages, es war der Johannistag, wollte Ludwig im Wald jagen. So wie früher, als er noch kein Herrscher war, nämlich allein. Als er dem Hauptmann der Garde sein Vorhaben ankündigte, erwiderte dieser seinem Herrn: „Bedenkt, dass immer wieder aufständische Sachsen durch die Wälder ziehen. Wenn Ihr in deren Hände fallt, könnten wir nichts für Euch tun." Als der Hauptmann aber merkte, dass Ludwig sich von seinem Plan nicht abbringen ließ, sagte er ihm, er solle wenigstens rechtzeitig vor Einbruch der Dunkelheit zurück sein. „Hauptmann, hältst du mich für ein Kind? Glaubst du, ich habe Angst vor der Dunkelheit?" fragte der König ungehalten. „Natürlich nicht, Majestät", sagte der Hauptmann schnell, „ich kenne Euch als mutigen und tapferen Mann, das wisst Ihr. Aber in dieser Nacht dürft Ihr nicht in den Wäldern sein." „Was ist an dieser Nacht anders als an irgendeiner anderen?", wollte der König wissen. „Wisst Ihr denn nicht", entgegnete der Hauptmann, „dass die Johannisnacht bevorsteht. In dieser Nacht treibt die Geisterwelt ihr Unwesen in den Wäldern. Ihr seid dort nicht sicher. Und als Hauptmann der Leibgarde ist es meine Pflicht, für Eure Sicherheit zu sorgen."

Dem König gefiel wohl, dass sein Hauptmann ein so pflichtbewusster Mann war. Doch er ließ sich nicht umstimmen. Aber weil er den braven Hauptmann nicht beunruhigen wollte versprach er, vor Einbruch der Dunkelheit wieder zurück zu sein.

Die Junisonne schien warm vom blauen Himmel, das Gras war so frisch und grün, wie es eben nur sein konnte, die Blumen blühten und sorgten für fröhliche Farbtupfer auf der Wiese. Amsel, Meise, Buchfink und Lerche trällerten ihre Lieder in Büschen und Bäumen. Ludwig war inmitten der schönsten Natur. Er ritt eine gute Weile, bis der Wald sich vor ihm auftat. Er stieg vom Pferd und führte es am Zügel. Wie schön war es, einmal ganz ohne Begleitung durch die Gegend zu streifen. In bester Stimmung lief er immer weiter in den Wald hinein. Er achtete nicht auf Richtung und Weg, er lief einfach immer weiter, das Pferd hinter ihm her. Und so merkte er erst nach geraumer Zeit, dass er sich verirrt hatte.

Die Dämmerung war schon eingebrochen – und so sehr er sich auch den ganzen Tag bemüht hatte, das Jagdglück stellte sich einfach nicht ein. Ludwig hatte einen Pfeil nach dem anderen verschossen. Egal, ob er sich an einen Rehbock herangepirscht hatte oder an eine junge Hirschkuh, ob er auf einen Fasan oder auf einen Hasen anlegte: er traf kein einziges Mal. Das – und dass er die Orientierung verloren hatte – verdross ihn mit der Zeit. Eine Weile suchte Ludwig erfolglos nach dem rechten Weg zurück. Dann entschloss er sich, das Beste aus seiner Situation zu machen und sich einen geeigneten Platz für die Nacht zu suchen. Am nächsten Morgen, ausgeruht und vom Schlaf erfrischt, würde er sicher schnell nach Hause zu finden. Er dachte für einen kurzen Moment an die Warnungen seines Hauptmanns. Aber dann machte er es sich auf einer Lichtung bequem, in deren Mitte er eine Quelle entdeckt hatte. Ludwig, der es gewohnt war, in einem weichen Bett mit warmen Decken und bequemen Fellen zu liegen, breitete seinen dünnen Umhang aus, legte sich auf dessen eine Hälfte und wickelte die andere fest um sich. So wollte er die Nacht verbringen. Aber Ludwig wälzte sich von der einen auf die andere Seite und konnte nicht einschlafen. Und wie er so auf dem harten Waldboden lag, musste er an Luitgart denken. Seit ein paar Wochen hatte er so gut wie gar nicht mehr an sie gedacht. Und wenn, dann nur ganz kurz und in der Gewissheit, richtig gehandelt zu haben. Dieses Mal war es anders. Ludwig zweifelte. Hatte er richtig gehandelt oder war er einer falschen Einflüsterung gefolgt? Mit einem Mal hatte er ein richtig schlechtes Gewissen. Aber der Tag war lang und anstrengend gewesen und so schlief er doch irgendwann ein.

Als er eine ganze Weile geschlafen hatte, erwachte Ludwig von einem vielfachen Knacken, Scharren, Huschen, Hüpfen und Trippeln im Unterholz. Die Tiere des Waldes zogen zur Quelle. Im fahlen Licht des Mondes standen Rehe, Hasen, Füchse, einige Igel, ein Hirsch mit mächtigem Geweih, Marder, Dachse und sogar ein Rudel Wölfe einträchtig und friedlich nebeneinander und tranken das Wasser aus der Quelle. Das dauerte nur wenige Augenblicke, und nachdem die Tiere ihren Durst gestillt hatten, verschwanden sie wieder im Unterholz. Aber Ludwig blieb nicht lange allein auf der Lichtung. Und was nun geschah, war ganz und gar zauberhaft und nicht von dieser Welt.

Aus dem Dunkel des Waldes, von den Zweigen herab und aus den Höhen der Luft vernahm er einen zarten Gesang. Wie feine, silbrige Fäden zog sich dieser Gesang durch die Nacht, schwoll an und wurde wieder ganz leise, ein fernes Flüstern. Dann kamen kleine Lichter dazu. Zahllose kleine, leuchtende Pünktchen in der Nachtluft, die einen wirbelnden Tanz aufführten. Ludwig rieb sich verwundert die Augen und wusste nicht, ob er wach war oder träumte. Da

er kein Feigling war, ging er mutig auf die klingende, farbenfrohe Erscheinung zu. Er streckte sogar die Hand aus um einen der Punkte zu berühren. Aber da hatte er kein Glück. So oft er es versuchte, so oft wichen die vor ihm zurück und änderten die Richtung ihres Fluges. Dann, wie auf ein Signal, das Ludwig nicht hören konnte, flogen die leuchtenden Punkte zur Quelle und schwebten über ihr, sodass der Bereich um sie ganz in das hellste Licht getaucht war. Und dann hatten die Feen und Luftgeister ihren Auftritt, sie schwebten aus den Höhen hernieder zur Quelle und versammelten sich zu einem luftigen Reigen.

Ludwig hatte sich staunend auf seinem Lager niedergelassen. Er betrachtete das Schauspiel und spürte keine Angst. Er fühlte, dass die Waldgeister ihm nichts antun würden, er fühlte sich sicher und beschützt. Dann erhob sich ein neuer Gast im Reigen: eine Frau stieg aus der Quelle empor und wurde von den Luftgeistern und Feen umringt. Sie wiegte sich in deren Tanz und hatte den Kopf vornübergebeugt, sodass ihre Haare ihr Gesicht ganz verbargen. Als sie den Kopf dann hob und Ludwig ihr Antlitz sehen konnte, schrie er auf: „Luitgard!“ Und sowie seine Stimme erklang, war die Erscheinung zu Ende. Wo eben noch die nächtlichen Gäste ihren friedlichen Reigen getanzt hatten, wo er eben noch seine Frau der Quelle entsteigen gesehen hatte, war nun: nichts mehr. Nur noch Dunkelheit und Wald. Ludwigs erster Gedanke war, sofort zum Kloster zu reiten, in dem Luitgard eingesperrt war, aber in der Dunkelheit des Waldes hätte er nie und nimmer den richtigen Weg gefunden.

So ließ er sich auf sein Lager fallen und schlief augenblicklich ein. Der König erwachte mit dem ersten Sonnenlicht. Er wusch sich mit dem kalten Wasser der Quelle, schwang sich auf sein Pferd und ritt los. Zu seiner Überraschung hatte er nun keinerlei Schwierigkeiten, den richtigen Weg hinaus aus dem Wald zu finden.

Er lenkte sein Pferd in Richtung des Klosters. Nach einer knappen Stunde, in der er das Tier angetrieben hatte wie nie zuvor, hatte er sein Ziel erreicht.

Im Kloster erfuhr er, dass Luitgard in der Nacht von einer großen Schwäche befallen und ganz krank geworden war. Während der Nachtstunden hätte niemand sagen können, ob sie den Morgen erleben würde. Das mochte wohl zu der Stunde gewesen sein, als sie Ludwig an der Quelle im Wald erschienen war. Als er hörte, dass sie nun aber schon wieder auf dem besten Weg der Genesung sei, wollte er sich nicht länger aufhalten lassen und verlangte, sofort an ihr Bett geführt zu werden. Ludwig wollte nichts mehr von seinem bösen Verdacht wissen und schämte sich schrecklich dafür.

Endlich sprachen die beiden miteinander. Luitgard brauchte gar nicht mehr zu beteuern, daß sie unschuldig sei. Als er neben ihr auf dem Boden kniete und sie um Verzeihung für seine Dummheit bat, als er sagte, wie schlecht es von ihm gewesen war, sie nicht anzuhören, bevor er sie einsperren ließ, da hatte ihm seine Frau ganz schnell verziehen. Am Abend ritt der König zurück in seine Pfalz, während Luitgard noch einige Tage im Kloster bleiben sollte, bis sie wieder vollkommen genesen war. Außerdem wollte Ludwig noch etwas erledigt haben, ehe Luitgart wieder nach Hause kam. Er wollte die Verleumder und Rufmörder aus der Pfalz jagen. Und so schickte er die beiden an die entlegenste Grenze des Reiches. Dort sollten sie sich im Kampf gegen die wilden Völker des Ostens bewähren.

Die Quelle im Wald, die bis dahin nicht vielen bekannt war, war für Ludwig und Luitgard seitdem ein ganz besonderer Ort. Ein Ort des Zaubers, an dem die guten Geister aus der alten Zeit den Menschen helfen, wenn sie sich mal verrannt und verirrt haben und falschen Ratgebern mehr Glauben schenken als ihrem Herzen.

Nachdem die Geschichte um die Geistererscheinung an der Waldquelle in Frankfurt bekannt geworden war, gab man der Quelle den Namen Königsborn oder Königsbrünnchen. Heute ist die Quelle gar nicht mehr schwierig zu finden und wird deswegen von vielen Ausflüglern im Frankfurter Stadtwald gern besucht.

Der Reucker aus Bornheim

Reucker Uder
Schlug seine Mutter,
Schlug ihr Arm und Bein entzwey
Daß sie Mordio schrey.

(Aus Johann Georg Theodor Grässe: Sagenbuch des Preußischen Staates 1–2. Band 2. Glogau 1868/71. S. 686-687.)

In Bornheim lebte einmal ein junger Bursche, der steckte voller Übermut und Flausen. Den lieben, langen Tag hatte er nur Unsinn im Kopf. Was er tat, tat er zu seiner eigenen Unterhaltung. Und was auch nur die kleinste Überwindung oder Einschränkung seiner Freiheit bedeutet hätte, das mied er wie der Teufel das Weihwasser. Lieber stromerte er von früh bis spät durch die Straßen und dachte sich Streiche aus, deren Opfer die braven Bürger Bornheims waren.

Und weil dieser Uder Reucker, denn so hieß der Knabe, es mit seinen Streichen nicht selten allzu wild trieb, war er bei denen besonders gut angeschrieben, die einem handfesten Scherz zugeneigt waren. Alle anderen hegten einen zunehmenden Zorn auf ihn und waren überzeugt, dass es eines Tages ein schlimmes Ende mit ihm nehmen würde. „Der junge Reucker“, so sprachen die alten Bornheimer, „der stellt sich irgendwann einmal selbst ein Bein. Und dann kommt er nicht mehr hoch.“ Wer unter dem Unmut der Bornheimer auf den jungen Reucker ganz besonders litt, das war seine Mutter. So gut wie jedes Mal, wenn sie durch Bornheim ging, wurde sie auf ihren Uder angesprochen. Und als sie eines Tages von der neuesten Untat ihres Sohnes erfuhr, riss ihr der Geduldsfaden.

Ausgerechnet die frisch gewaschenen, blütenweißen Laken und Tischtücher der alten Müllerin, die sie zum Trocknen auf die Leine gehängt hatte, hatte der Junge mit Dreck beschmiert. Nun hingen sie schmutzig im Wind, die alte Müllerin hatte die ganze Arbeit umsonst getan und würde die Wäsche noch einmal waschen müssen. Das tat der alten Reuckerin leid und sie schämte sich für ihren schlecht geratenen Sohn. Was aber das Fass zum überlaufen brachte, war die Schimpftirade, die die Reuckerin über sich ergehen lassen musste. Die alte Müllerin war weit und breit dafür bekannt, dass sie, wo immer es darum ging, einen Streit vom Zaun zu brechen, schnell bei der Hand war. Sie war das zänkischste Weib von ganz Bornheim und liebte es, über andere zu schimpfen und schlecht über sie zu reden. Und ausgerechnet diesem Tratschweib und Lästermaul hatte Uder Reucker die weiße Wäsche verdorben. Kein Wunder, dass sie das nur zu gern zum Anlass nahm, sich auf seine Mutter zu stürzen und sie mit Vorwürfen und Grobheiten zu überziehen. Wie schlecht redete sie über ihren Sohn! Es sei ja kein Wunder, dass der Junge nichts als Unfug treibe, wo seine eigene Mutter sich so wenig um ihn kümmere. Sie schimpfte wie ein Rohrspatz auf den jungen Reucker und sagte eben das, was solche Leute in solchen Situationen sagen. Die Reuckerin hätte es eigentlich auf die leichte Schulter nehmen und sich denken können: Red' du nur. Aber diese Ungerechtigkeit, ihr vorzuwerfen, sich nicht gut um ihren Jungen zu kümmern, traf sie ins Herz. Denn sie arbeitete hart, damit es ihrem Sohn an nichts fehlte. Die Mutter konnte nun einmal nicht in jedem Augenblick auf den Jungen aufpassen. Uder war einfach zu oft allein, und das nutzte der natürlich nur zu gern aus.

Jetzt aber, nach der Begegnung mit der Müllerin, platzte ihr der Kragen. Sie ging schnurstracks nach Hause, wo Uder und einige seiner Freunde vor der Tür auf dem Bordstein saßen. So hatte Uder seine Mutter noch nicht erlebt. „Was hast du dir dabei gedacht", schrie sie ihn an, packte ihn am Revers und zerrte ihn mit sich ins Haus, wo sie ihm eine schallende Ohrfeige gab, die seine Freunde auf der Straße noch deutlich hören konnten. Und dann erlebte Uder Reucker zum ersten Mal in seinem Leben eine wirklich laute Gardinenpredigt seiner Mutter. Es war ein richtiges Donnerwetter. Und was tat der Ausgeschimpfte? Bekam er ein schlechtes Gewissen? Oh Nein! „Mit mir nicht!", dachte er. Und er schimpfte auf seine Mutter, rannte aus dem Haus und knallte die Tür in den Rahmen, dass die Tassen im Regal zitterten. Er rannte in den Schuppen, nahm eine armlange Holzlatte zur Hand und nagelte an das eine Ende quer eine kurze, etwas breitere Holzlatte. Als er das getan hatte, lief er mit der Latte in der Hand zurück zum Haus, wo er die Mutter packte und auf den Querbalken setzte. So hob er seine Mutter in die Höhe. Uder war wieder bester Laune. Laut lachend lief er nun durch die Straßen Bornheims, seine Mutter auf einer Holzlatte mit sich tragend. Man kann sich das Zetergeschrei der Mutter gut vorstellen, die sich auf dem Brett festkrallte, damit sie nicht auf den Boden fiel. Wie peinlich war es ihr außerdem, das Gespött der Leute zu sein. Was war das für ein schwarzer Tag für Uder Reuckers Mutter! Ganz ohne Mühe schleppte Uder sie auf dem Balken durch halb Bornheim, eine immer größer werdende Schar Schaulustiger zog hinter ihnen her. Was war der Uder Reucker doch für ein gemeiner Kerl! Und er sollte seiner Strafe nicht entgehen.

Der Frankfurter Rat, dem die Sache zugetragen wurde, konnte nämlich gar nicht darüber lachen. „Behandelt man so die eigene Mutter, die sich für einen aufopfert und alles macht, damit man zu essen und warme Kleidung hat?" So fragten sich die Räte und kamen zu dem Schluss, dass es dem schlimmsten Frevel gleichkomme, mit der eigenen Mutter so schlecht umzugehen und dass darauf eine drakonische Strafe folgen müsse. So schickten sie also Wachen aus, die Reucker festnehmen und ins Gefängnis bringen sollten.

Als Uder Reucker vom Rat zu seiner Untat befragt wurde, aber nichts zu seiner Entschuldigung vorbringen konnte und ganz verstockt und störrisch war, entschied sich der Rat für die schlimmste Strafe: die Todesstrafe. Das einzige, was die Räte nicht entscheiden mochten war, wie Uder Reucker vom Leben zum Tode gebracht werden solle. Die Zeit kannte viele Möglichkeiten der Hinrichtung: Enthauptung, Aufknüpfen, Verbrennen auf dem Scheiterhaufen und das Ertränken im Fluss waren nur die am weitesten verbreiteten Strafen. Da die Räte sich nicht auf eine davon festlegen wollten, schoben sie die Entscheidung darüber Uder Reucker zu. Er solle selbst wählen, auf welche Weise er hingerichtet werden wolle. Da der Rat verhindern wollte, dass er die Entscheidung darüber unnötig in die Länge zieht, sollte er erst wieder Essen bekommen, wenn er sich entschieden habe. Da die Wachen den Reucker vor dem Abendessen gefangen genommen hatten, knurrte ihm bereits am nächsten Mittag gehörig der Magen. Also klopfte er an die Tür seines Gefängnisses und rief den Wachen zu: „Ich habe Hunger! Lasst mich raus und führt mich vor den Rat! Ich habe mich entschieden!“ Wie er dann vor den hohen Herren stand, die wissen wollten, wie es denn nun mit ihm zu Ende gehen solle, sprach er: „Bevor ich dem Hohen Rat meine Entscheidung darüber mitteile, habt die Güte und bringt mir Essen. Ich bin hungrig wie ein Bär. Und Verhungern habe ich bestimmt nicht als Todesart gewählt.“ So tischte man dem Reucker auf. Er langte tüchtig zu und hatte seinen Hunger bald an Braten, Kraut und Brot gestillt.

„Nun sage uns," sagte einer der Räte zu ihm „was wir mit dir anstellen sollen. „Ihr Herren", entgegnete Reucker „erweist mir die Gnade und schlagt meinen Wunsch nicht aus. Wir wollen es so machen: Meine Kleider sollen auf dem Weg zur Mainbrücke an der Holzlatte, auf die ich meine Mutter gesetzt habe, hängen und vor mir her getragen werden. Wenn wir dann auf der Brücke angekommen sind, soll allem anwesenden Volk vorgelesen werden, wessen ich angeklagt und auf welche Weise ich bestraft werden soll. Wenn dann die versammelte Menge meint, ich hätte ein Verbrechen begangen, das nur durch meinen Tod gesühnt werden könne, so sollen erst meine Kleider und danach gleich ich in den kalten Fluss geworfen werden. Sollten die Leute aber der Meinung sein, es handele sich eher um einen groben Streich als um ein schweres Verbrechen, um dessentwillen ich hingerichtet werden soll, oder gar in Lachen ausbrechen, so bitte ich Euch: Erlasst mir die Strafe und lasst mich als freien Menschen nach Hause gehen, wo meine Mutter sicher schon auf mich wartet."

Nach einiger Überlegung ließen sich die Räte auf den Handel ein. Jetzt gab es keinen Grund mehr, die Angelegenheit länger als notwendig hinzuziehen. So zogen sie also zum Main. Der Henker trug die Holzlatte mit den Kleidern, ihm folgte Uder, spärlich und nur notdürftig bekleidet, zu beiden Seiten je ein Wachmann, hinter ihm die hohen Herren des Rates, hinter denen wieder einige Wachleute, die das Grüppchen abschlossen. Diese Prozession erregte Aufsehen, und es waren viele Frankfurter, die sich ihr anschlossen. Als sie auf der Brücke angekommen waren, wurde verlesen, wessen der junge Reucker sich schuldig gemacht hatte. Um die Schwere der Tat zu unterstreichen, wurden auch einige andere Missetaten des Burschen vorgetragen und allmählich entstand eine große Heiterkeit unter den Zusehenden. Uder fachte diese Heiterkeit noch dadurch an, dass er den Vortrag seines Sündenregisters mit Fratzenschneiden und Grimassieren untermalte. Das Gelächter wurde immer lauter. Einige schlugen sich auf die Schenkel oder wischten sich Lachtränen aus den Augen. Als der Vortrag zu Ende war, gab es unter den Zusehenden niemanden, der nicht in lautes Gelächter ausgebrochen wäre. Damit war Uder Reucker gerettet. Der Rat erließ ihm die Strafe, er durfte als freier Mensch nach Hause gehen. Und das tat er in aller Eile. Er schlüpfte in seine Kleider und machte, dass er schnellstens zu seiner Mutter kam. Er überraschte sie unter Tränen in der Küche sitzend, weil sie dachte, ihr Junge würde bereits nicht mehr am Leben sein. Wie groß war ihre Freude, als sie ihren Sohn putzmunter und lebendig in die Arme schließen konnte! Sie verzieh ihm alle seine Untaten und küsste und herzte ihn, wie sie es schon viel früher hätte tun sollen.

Uder konnte sich nicht erinnern, wann er zuletzt so glücklich gewesen war wie in diesem Moment. Wenn er auch getan hatte, als würde es ihm gar nichts ausmachen, gefangengenommen und zur Hinrichtungsstelle geführt zu werden: Er hatte eine gewaltige Angst gehabt, tatsächlich sein nasses Grab im Main zu finden. So wurde aus dem übermütigen Jungen, der den ganzen Tag nichts als Unsinn trieb und Streiche ausheckte, doch noch ein anständiger Bursche, der seine Mutter achtete und alles tat, um ihr ein guter Sohn zu sein. Streiche heckte er nur noch ganz selten aus. Und wenn, dann ließ er sich nicht dabei erwischen.

Die Abschaffung der Folter

Wie es kam, dass ein Scharfrichter sein Richterschwert an den Nagel hing.

Es gab auch in Frankfurt einmal die Zeit, in der mit echten oder angeblichen Hexen kurzer Prozess gemacht wurde. Wer der Hexerei beschuldigt wurde, dessen Hinrichtung war so gut wie sicher. Dafür sorgte die Folter. Wer einmal dem Scharfrichter in seine tief unter der Erde gelegenen Verliese folgen musste, der ahnte, dass es ihm schlecht ergehen würde. Wer Bekanntschaft mit Streckbank, Daumenschraube, Rad oder Peitsche machte, gab schnell alles Mögliche zu. Selbst mit dem Teufel im Bunde zu sein und in Vollmondnächten auf dem Besen über die Stadt hinweg zum Blocksberg zu fliegen. Was hatte der Scharfrichter nicht schon an Elend gesehen, und welches Leid hatte er nicht schon zugefügt. Viele Jahre lang hatte er gar nicht darüber nachgedacht, ob das, was er da tat, richtig sei oder falsch. Es war sein Beruf und den übte er aus, auch wenn er ihn nicht gerade liebte. Wer beschuldigt wurde, wurde gefoltert, wer gefoltert wurde, gestand und wer gestand, wurde hingerichtet. Das war der Kreis, den er zu schließen half. Im Lauf der Jahre mehrten sich aber seine Zweifel an diesem Beruf. Wenn er die Delinquenten mit sich in den Folterkeller führte, konnte er ihre Angst spüren. Und je länger er seinen Dienst versah, desto besser erkannte er, wer zu Recht die Stufen hinunter in die Verliese geführt wurde und wer nicht.

Irgendwann dachte er sich: „Wie viele Unschuldige habe ich wohl schon auf die Streckbank gebunden und gequält, bis sie endlich gestanden, was sie niemals begangen hatten. Nur damit ich aufhöre, ihnen Schmerzen zuzufügen." Er wollte sein Gewissen erleichtern, und das konnte er nur, wenn er vor die Räte der Stadt trat, um seinen Dienst zu kündigen. Er konnte nicht länger Teil einer Gerichtsbarkeit sein, die Strafen aufgrund von erpressten Geständnissen verhängte. Nach diesem Entschluss fühlte er, dass er sich richtig entschieden hatte. Aber als er diese Entscheidung am Abend seiner Frau mitteilte, fürchtete diese, er würde damit sie beide und die drei Kinder zu Bettlern machen und sagte: „Überlege dir das gut. Du triffst eine Entscheidung, die uns alle angeht. Wenn du deinen Beruf nicht mehr ausübst, macht's ein anderer gleich gut wie du. Die Folter wird es immer geben, mit dir oder ohne dich. Ändern tust du gar nichts. Außerdem: Welche Arbeit bekommst du denn noch? Deine besten Jahre sind vorüber und wer einmal Scharfrichter war, der kann nur noch Abdecker werden."

Aber der brave Mann hatte sich entschieden, und an seinem Entschluss wollte er nichts mehr ändern. Er wollte vor den Rat der Stadt gehen und den hohen Herren beweisen, dass die Folter Schreckliches und Falsches erbringt. In seiner Kammer tat er seinen besten Rock an und hängte sich das große Richtschwert um. Dann fasste er all seinen Mut zusammen, gab seiner Frau einen Kuss, bat sie, sie möge verstehen, warum er nicht anders könne und ging zum Römerberg. Als er, dort angekommen, in die Gesichter der strengen Herren des Rates blickte, drohte der Mut ihn zu verlassen und es fehlte nicht viel und er wäre wieder umgekehrt, heim zu Frau und Kindern. Schließlich war er ja kein Held! Er überlegte noch, da wurde er auch schon angesprochen und gefragt, was sein Begehr sei. Jetzt musste er bleiben und sich bekennen.

Er trat noch einen Schritt nach vorne, straffte sich und sprach: „Gnädige Herren, erlaubt mir, euch mit einer Sache zu behelligen, die ich schon eine Weile als schwere Last auf meinen Schultern trage.

Ich bin stets ein treuer Diener der Stadt und des Rates gewesen, aber jetzt kann ich nicht weiter und muss dringend zu euch sprechen." Sein aufgewühlter Zustand und die Ernsthaftigkeit, mit der der Scharfrichter sprach, machten die Räte neugierig. „Die Folter dient uns als Mittel, die Wahrheit herauszufinden", sagte der Scharfrichter. „Wer nicht geständig ist, wird auf die Streckbank gespannt, das ist der Brauch. Und dann gesteht er. Es gibt niemanden, der es besser wüsste als ich." Die Herren blickten ihn verständnislos an. Sie wussten nicht recht, worauf er hinaus wollte. So sprach ihn einer der Herren an: „Scharfrichter, was willst du sagen? Sag's und lass uns unsere Arbeit tun. Wir haben wenig Zeit." Der Scharfrichter rang die Hände, blieb aber standhaft. „Ihr Herren, ich stelle mich vor euch, um euch zu bitten, die Folter künftig nicht mehr anzuwenden. Ihr nennt sie Gerechtigkeit, und doch ist sie nichts als Grausamkeit. Es ist unmenschlich, Geständnisse durch Schmerz und Qualen zu erpressen. Deswegen ist es unsere Pflicht als Christenmenschen, diesen barbarischen Brauch ein für alle Mal zu beenden."

Den würdigen Herren waren während der Rede des Scharfrichters die Münder offen stehen geblieben. Jetzt rangen sie nach Fassung und wussten nicht, ob sie den Scharfrichter für seine törichte Rede ausschimpfen oder auslachen sollten. „Du wagst es, mit solch gottloser Rede vor uns zu treten, du Ketzer?", ergriff einer der Herren das Wort, der sich für das Ausschimpfen entschieden hatte. „Hüte deine Zunge, Henker! Sonst erfährst du am eigenen Leibe, was dein Werkzeug auszurichten vermag." Ein anderer rief nach den Wachen, man solle alles zur Hinrichtung des Scharfrichters vorbereiten, der offensichtlich ein Gottesleugner sei. Der Scharfrichter merkte, dass er nur noch eine Chance hatte, sonst würde er seinen Kopf diesmal selbst auf den Richtblock legen müssen. Er musste erreichen, dass die Ratsherren ihm eine Frist einräumten. „Ihr hohen, edlen Herren", sprach er, „ich bin gern bereit, all das zu erleiden, was ihr sagt. Aber zuerst bitte ich euch, mir zu gestatten, den Beweis für meine Rede anzutreten. Gelingt er mir, so erlasst mir meine Strafe. Gelingt er nicht, begeb' ich mich mit Gott in eure Hände. Denn ich bin kein Ketzer, kein Gottloser, und ich vertrau' auf Gottes Gnade. Ich bitt' euch um eine Frist von einem Tag und sichere euch zu, mich morgen zur selben Stunde in euer Urteil zu fügen."

Die Herren steckten die Köpfe zusammen und berieten sich. Schließlich wandten sie ihm die strengen Gesichter wieder zu. Einer sprach: „Es sei so, wie du es vorgeschlagen hast. Wir gewähren dir einen Aufschub. Du hast bis morgen Zeit, uns von der Gottgefälligkeit deines Vorschlages zu überzeugen. Gelingt es dir, bist du frei. Sonst wirst du durch dein eigenes Richtschwert sterben." „Ich danke euch, ihr Herren. Aber ich habe noch eine Bitte", sprach der Scharfrichter. „Drei der hochwohlgeborenen Herren bitte ich, mir als Zeugen zu folgen, damit ich meinen Beweis erbringen kann." Und es erklärten sich wirklich drei Räte bereit, den Scharfrichter zu begleiten. Er brachte sie zu seinem eigenen Heim. Dort führte er sie in seinen Stall, wo, das wusste jedermann in der Stadt, die schönsten und herrlichsten Pferde weit und breit standen. „Wie gefallen euch meine Pferde, ihr Herren", fragte der Scharfrichter. „Was soll das?", fragten die Herren, „zu welchem Zweck führt ihr uns hierher, um uns eure Pferde zu zeigen, von denen jeder weiß, dass sie die schönsten der Stadt sind?"

Anstelle einer Antwort zog der Scharfrichter sein wuchtiges Richtschwert, hob es hoch über den Kopf und schlug damit zum Entsetzen der Herren den prächtigen schwarzen Hengst tot. „Seid ihr von Sinnen? Was tut ihr?", schrien die Räte, „warum erschlagt ihr euer Pferd?" Doch der Scharfrichter sprach in aller Ruhe: „Dieses Pferd wird mein Beweis sein, sage ich euch."

Das laute Rufen der Ratsherren hatte die Nachbarn angelockt, die sich die schauerliche Szene nun besahen. Bald hatte sich eine neugierige Menschenmenge vor dem Stall versammelt. Die Ratsherren wollten an dem unheimlichen Ort nicht länger bleiben und mischten sich unauffällig unter das Volk, so konnten sie unbemerkt verschwinden. Bis die Sonne untergegangen war, hatte sich die Neuigkeit, der Scharfrichter hätte den Verstand verloren, in der ganzen Stadt verbreitet.

Am nächsten Morgen trat der Scharfrichter vor die Ratsherren. Aber er war nicht allein. Er führte seinen in Ketten geschlagenen Knecht hinter sich her und warf ihn, als er in der Mitte des Raumes angelangt war, vor sich auf den Steinboden und rief: „Ihr weisen Herren, ich komme heute vor euch, um Klage gegen diesen Mann, meinen schändlichen Knecht, zu führen. Im Blutrausch hat er mein Pferd mit meinem eigenen Richtschwert erschlagen, um es dem Satan zu opfern. Führt ihn seiner gerechten Strafe zu! Wenn er nicht gestehen will, muss er gefoltert werden." Der Knecht beteuerte seine Unschuld, er schrie und weinte zum Gotterbarmen. Er flehte die Ratsherren an, sie müssten ihm glauben, er habe das Pferd nicht angerührt – höchstens um ihm das Fell zu striegeln oder den Hals zu klopfen. Die Räte blieben stumm und waren gespannt, was der Scharfrichter nun verlangte. Der bestand darauf, dass der Knecht ins Verlies geführt und gefoltert würde. So sei es Brauch, der Gerechtigkeit müsse Geltung verschafft werden!

Und so kam es. Die Wachen führten den schreienden Knecht, der sich mit Händen und Füßen wehrte, in den Keller, wo ihm nichts Gutes bevorstand. Der Scharfrichter selbst übernahm es, dem Knecht das Geständnis abzunötigen. Doch der blieb lange bei der Beteuerung seiner Unschuld. Er rief Gott und alle Heiligen und Märtyrer des Himmels als Zeugen seiner Unschuld an und ertrug die Daumenschrauben, die Folterbank und die Messer, die ihm die Haut ritzten, in Demut und in der Gewissheit, unschuldig zu sein. Doch irgendwann konnte er die Schmerzen nicht mehr ertragen und mit letzter Kraft gestand er: „Ich war es! Ich hab' das Pferd erschlagen! Ein Opfer für den Teufel sollt' es sein!" Der Scharfrichter beendete die Folter und band den Knecht los.

Die Räte, die der Prozedur beigewohnt hatten, begriffen, was der Scharfrichter ihnen beweisen wollte. Sie blickten einander betroffen an und wussten nicht recht, was sie sagen sollten. Schließlich sagte einer: „Scharfrichter, du hast den Beweis für deine kühne Rede erbracht. Du hattest Recht. Die Folter kann kein Mittel sein, um ein wahrhaftes Geständnis zu erhalten. Wir stehen tief in deiner Schuld." Seit diesem Tag waren Folter und Hexenverfolgung – zumindest in Frankfurt – abgeschafft.

Der Scharfrichter dankte seinem Schöpfer, weil es ihm gelungen war, seine Rede vom Vortage durch sein tollkühnes Schauspiel zu rechtfertigen. Die Wunden des Knechts wurden versorgt, sie heilten gottlob schnell und er erholte sich rasch. Die Räte sprachen ihm ein großzügig bemessenes Schmerzensgeld zu. Nach einigen Tagen, während denen er eine verständliche Wut auf den Scharfrichter empfand, verzieh er ihm wieder und kehrte in seinen Dienst zurück. Dem Scharfrichter – der jetzt keiner mehr war, denn nie wieder wollte er mit dem Schwert oder auf sonstige Weise anderen Menschen Schaden zufügen – wurden die Bürgerrechte verliehen und eine Leibrente bis ans Ende seiner Tage gezahlt.

Frankfurter Altstadt um 1370

mit den Straßennamen aus dieser Zeit
(auf Grundlage des Planes von Ullrich 1811)

VIEH – MARKT
Schäfer-Gasse
Friedberger
Gasse
Bornheimer-Pforte
RY-der-Gasse
St. Antonius-Gasse
(Blyden-)Gasse
ROSSEBÜHEL (Liebfrauenberg)
Zygel-Gasse
Salmanns-G.
Cruchen-Gasse
Stein-Gasse
Gelnhäuser-Gasse
Lyntheimer-Gasse
SCHMIED-GASSE
Rodin G.
Volrads-G.
Spätere Juden-Gasse
WEBER-ODER SNAR (SCHNURR)-GASSE
Gasse
SPÄTERE NEUE KRÄME
Mörser-G.
Sack-G.
im Sack
Neu-Gasse
Luprandis-Gasse
AUF DEM SCHWEINE-MIST
Hachenbg.G.
Prediger-Gasse
Barfüsser-Gasse
Fahr-Gasse
Mengoz-G.
Schilder-G.
Frythof
Glauburg-G.
DREHER-u. KANNENGIESSER GASSE
KRÄMER-GASSE
Arnsburger-G.
Samstagsberg
Schieds-Gasse
Kolmanns-G.
FLEISCHBÄNKE
BAECKER-G.
BENDER-GASSE
Juden-Gasse
Heilige Geist-od. GLÄSER-GASSE
Gasse
FISCHER-GASSE
METZGER-GASSE
Fischerfeld
Fahr-Pforte
H. Geist Pforte
Metzgen-Pforte
Fischer-Pforte
BRUECKE
er Main
Stadt-Grenzen:
8.-9. Jahrhundert
10. " "
12.-13. " "
Gewerbestrassen

Greser & Lenz

Seit sich Achim Greser (geb. 20.5.1961 in Lohr/Main) und Heribert Lenz (geb. 26.2.1958 in Schweinfurt) beim gemeinsamen Studium an der Fachhochschule Würzburg kennen gelernt haben, verlief ihr beruflicher Werdegang parallel.

Die geteilte Begeisterung für die Werke der sogenannten „Neuen Frankfurter Schule“, einer Gruppe von Autoren und Zeichnern, die die bundesrepublikanische Nachkriegssatire- und Humorlandschaft maßgeblich u.a. mit den Zeitschriftengründungen von „pardon“ und „Titanic“ bestimmt und beeinflusst hat, führte zu ersten gemeinsamen humorzeichnerischen Experimenten und 1986 bzw. 1988 schließlich zur festen Mitarbeiterschaft in der Redaktion des Frankfurter Satiremagazins „Titanic“. Dort entstanden unter ihrer Mitarbeit u.a. die politischen Comicserien „Genschman“ und „Die roten Strolche“.

Seit 1996 zeichnen sie gemeinsam regelmäßig für die „Frankfurter Allgemeine Zeitung“, seit 2004 darüber hinaus für den „Stern“. Die Zeichner legen Wert auf die Feststellung, dass ihre Arbeiten alles sein dürfen, nur nicht „mit spitzer Feder auf den Punkt gebrachte Missstände, bei denen dem Betrachter das Lachen im Halse stecken bleibt. Ihr Motto ist: Jeder Krieg hat seine Opfer, das gleiche gilt für den guten Witz.

Mit großer Befriedigung nahmen die beiden die legendäre wissenschaftliche Studie zur Kenntnis, wonach der gemeinsame Gen-Anteil zwischen dem Frankfurter und dem Franken höher ist, als zwischen dem Frankfurter und dem Resthessen. Sagenhaft!

Das Frankfurter Altstadtmodell der Brüder Treuner

Kunststücke des historischen museums frankfurt, Band 1

Das Frankfurter Altstadtmodell der Brüder Treuner
Kunststücke des historischen museums frankfurt, Band 1

Herausgegeben von Dr. Jan Gerchow und Dr. Petra Spona
Die erste Auflage erscheint auch als Begleitbuch zur Ausstellung »Treuners Frankfurt. Das Altstadtmodell des *historischen museums* und sein Kontext«.

200 x 250 mm
32 Seiten mit 39 Abbildungen
Hardcover
9,95 €
ISBN 978-3-921606-77-3

www.henrich-editionen.de

Das beliebte Altstadtmodell wurde von 1925 bis 1961 von den Brüdern Hermann und Robert Treuner gebaut. Die Künstler fertigten das feingliedrige und bemalte Modell in 64 einzelnen Bauteilen aus Holz, Sperrholz, Karton und Papier im Maßstab 1:200. Sie untersuchten und dokumentierten dazu jedes einzelne Altstadthaus.
Das Modell wurde vom Historischen Museum in Auftrag gegeben, um den Zustand der Altstadt im Jahr 1927 im Verlauf andauernder Sanierungsmaßnahmen festzuhalten. Nach dem Zweiten Weltkrieg wurde es Erinnerungsmedium für die von Bomben zerstörte alte Stadt. Bis heute dient das Modell als Quelle bei der Rekonstruktion von Altstadthäusern. Die damaligen sozial und hygienisch unhaltbaren Zustände werden in den sauber bemalten Gassen und Fassaden des Modells allerdings nicht sichtbar. Das Altstadtmodell stellt also einerseits eine Dokumentation historischer Gebäude und Straßenzüge dar, andererseits nährt es romantisierende Vorstellungen vom Leben in der Altstadt.
Das Buch gibt Aufschluss über die Geschichte des Modells und seine Bauweise, die Umbauprozesse in der Altstadt und den Wandel der Frankfurter Stadtgesellschaft, für die die Frage nach Rekonstruktion oder Moderne bis heute unbeantwortet ist.

Henrich
Editionen